JN067674

スキルを“再武装”し、生き方を“最覚醒”する極意

虎のリスキリング

阿部George雅行
佐藤美咲
株式会社ボディチューン・パートナーズ 監修

プレジデント社

はじめに

リスキリング——。

これは英語の「Re-skilling」が基になった言葉で、直訳すると「スキルの再習得」といったような意味になるでしょう。

リスキリングは、２０１０年代中頃から欧米で広まってきた概念で、その背景にあるのは「技術的失業（Technological Unemployment）」といわれています。

すなわち、ＩＴの進化により、これまで私たち人間が行っていた業務や作業がＡＩ（人工知能）やＲＰＡ（Robotic Process Automation）に代替され、人間の雇用がなくなっていくだろうという社会的な仮説に端を発しています。

私たちがそうした仮説を強く認識するきっかけとなった一つに、英国オックスフォード大学教授のマイケル・Ａ・オズボーン氏が２０１３年に発表した論文があげられます。氏はＡＩの進化により10～20年後には米国の雇用者の47％が職を失う可能性があるとし、電話販売員（テレマーケター）や保険業者、データ入力作業員、銀行の窓口職員など、いわゆる単純な仕事はＡＩにとって代わられていくと予測しました。

また、世界経済フォーラム（World Economic Forum）が２０２０年1月に開催した年次総会、いわゆるダボス会議において、「第４次産業革命によって1億３３００万人分の新しい仕事が生まれると同時に、７５００万人の雇用がこれらの新技術によって奪われる可能性がある」と発表したのは記憶に新しいところです。

第４次産業革命によって今後なくなっていく可能性が高いとされる仕事から、デジタルなどの成長産業に労働力をシフトさせるにはどうしたらよいか——。

そうした課題を解決するための一つの解として注目されているのが、ビジネスパーソンによるスキルの再習得、リスキリングです。前述の世界経済フォーラムもダボス会議において、第４次産業革命に伴う技術の変化に対応した新たなスキルを獲得するために、２０３０年までに10億人によりよい教育、スキル、仕事を提供する「リスキリング革命（Reskilling Revolution）」というイニシアチブを発表しています。

一方、日本では２０２０年9月に経済産業省がまとめた「人材版伊藤レポート」において、雇用主側が人材戦略を進める際の共通要素の一つとして「リスキル・学び直し」の重要性が提言されました。同省ではリスキリングを「新しい職業に就くために、あるいは、今の職業で必要とされるスキルの大幅な変化に適応するために、必要なスキルを獲得する／させること」と定義し、主にＤＸ（デジタルトランスフォーメーション）人材の育成手法としてこれを推進しています。

また、日本経済団体連合会も同年11月に、ＤＸに伴い社内で新たに発生する業務へ人材を円滑に異動させるにはリスキリングが必要であると表明しました。さらに、２０２２年10月には岸田首相が所信表明演説でリスキング支援に5年間で1兆円を投じると表明したことで、リスキリングへの注目が急速に高まったのはご存じの通りです。まさに企業は就業時間内の時間を使って社員にリスキリングさせて競争力を強化せよという強力なメッセージです。

もちろん、企業におけるリスキリングの対象は基本的には全社員ですが、２０２１年４月の高齢者雇用安定法改正により70歳までの就業機会の確保が企業の努力義務となったことなどから、特にシニアビジネスパーソンのリスキリング〝だけ〟に注目が集まっているように思います。そのため、リスキリングと聞くと、シニアビジネスパーソンがプログラミングやＡＩ、機械学習、動画編集などのＩＴスキル向上を図る、いわば「リスキリング

＝シニアビジネスパーソンのＤＸ人材化」といったイメージが先行し、（特に若手・中堅世代では）自分には関係ないなあと思われている方もいらっしゃるのではないでしょうか。

しかし、我々はこう考えています。

リスキリングをそんな狭義な意味だけに捉えてしまったら、シニアであろうと若手であろうと学びや成長のチャンスをみすみすドブに捨てるようなものであり、もったいないと。

また、仮にリスキリングの対象が勤務先ではシニアである自分であり、業務命令にイヤイヤ（？）従う姿勢でリスキリングに臨むとしたら、学びの際に必要な高揚感も高まらず、アドレナリンも出ず、さらにもったいない時間になってしまうのではないか——と。

リスキリングは、ＤＸ人材育成のためだけのものではありません。

リスキリングは、シニアビジネスパーソンだけが取り組めばよいものでもありません。

そもそも人類の歴史や進化は、縄文時代の太古の昔から人びとが生き抜いていくために、まさにリスキリングの繰り返しだったはずであり、決して目新しいものでもありません。

リスキリングは、もっと広義に捉えるべき概念であり、新入社員を除くすべてのビジネスパーソンが取り組むべき自律型キャリア形成の手法なのです。

日本国における経済産業省のこの方策をさらに広く加速させるためにも、我々はリスキリングを「当事者視点」でこのように〝リ定義〟しています。

リスキリングとは、自らのスキルを〝再武装〟することで、自らを〝再覚醒〟させるとともに、人生における〝最覚醒〟を実現することである——と。

すなわち、新たなスキルを身につけ、スキルの強化を図ることで、現状に甘んじていた自分を再び目覚めさせるとともに、何歳であっても人生において最も輝かしい状態を実現すること——、それこそがリスキリングの本質であると考えています。

そして、そのように生涯にわたってリスキルを図り、自らを成長させ続けることができたならば、私たちはどの時代、どの文化社会においても、人間として生きていくために必要な精神の〝再武装〟とともに、最強の〝ライフスキル〟を、そしていくつになっても自らの手でお金を稼いで生活していける無敵の〝ライススキル〟を手に入れることができるのではないでしょうか。

最後に、これまでの共著『営業の虎』『対話の虎』でも述べましたが、『リスキリングの虎』というタイトルの「虎」に込めた二つの思いをお伝えしたいと思います。

ご推察の通り、一つは本書が（雇用主視点でなく）当事者視点でのリスキリングの神髄を伝える「虎の巻」であることです。そしてもう一つは、著者らが勤務するマネジメント人材育成・組織開発などの専門集団ボディチューン・パートナーズのメンバー全員の想いです。私たちは〝死の直前まで狩りをする虎〟のように生涯現役を志す、心技体のバランスのとれた人財育成を目指しており、その心意気や想いをそのまま書籍のタイトルに込めることとしました。そんなことも心の片隅に置いて本書をめくっていただければ幸いです。

会社のため〝だけ〟でなく、自分自身という〝個〟や家族、日本の未来の子孫たちのために。
最強の〝ライフスキル〟と無敵の〝ライススキル〟を手に入れるために。
ビジネスパーソンとしても、人としても、常に高い精神性を持って成長を続けるために。
そして、死の瞬間を迎える、まさにその時まで生涯現役で戦えるために――。

〝リスキリングの虎〟への道を今ここからご一緒したいと思います。

著者代表　阿部Ｇｅｏｒｇｅ雅行

リスキリングの虎　目次

目次

第1章

今こそ、学び直しの時！

Chapter 1

「リスキリング待ったなし」これだけの理由

人的資本経営 〜社員のスキルが企業価値を左右する時代へ

　ご存じの通り、大手上場企業を中心に、多くの企業が社員のリスキリングに力を入れ始めています。そのきっかけの一つとしてあげられるのが、「はじめに」でも少し触れた「人材版伊藤レポート」です。これは経済産業省の「持続的な企業価値の向上と人的資本に関する研究会」（座長／一橋大学大学院経営管理研究科特任教授（当時）・伊藤邦雄氏）が２０２０年９月に発表した報告書で、産業界を中心に大きな注目を集めました。

　この「人材版伊藤レポート」を発端に、企業の成長戦略として脚光を浴びているのが「人的資本経営」という考え方です。従来の企業経営では、人材を「人的資源」と捉え、人材にかかる費用を「コスト」と認識してきました。これに対し、人材を「人的資本」と捉え、人材にかかる費用を「投資」と認識し、人の価値を最大限に引き出すことにより、企業の中長期的な価値向上を目指そうとするのが人的資本経営です。

　この人的資本経営は欧米企業でいち早く導入が進んでいるようであり、投資家も人的資本、すなわち社員のスキルや人材戦略などに着目するようになってきました。こうした中、企業に対して人的資本の情報開示を求める動きが活発になり、欧米では2020年8月に米国証券取引委員会（SEC）によって人的資本の情報開示が義務付けられました。

　そして2023年1月31日には日本でも有価証券報告書における人的資本の情報開示義務が決定し、上場企業は人材育成の戦略や指標の開示が必須となりました。

　つまり、社員が持っているスキルの質や量が、企業の競争力を直接左右するようになっ

図1　人材戦略に求められる「3P・5Fモデル」

3つの視点	❶ 経営戦略と人材戦略の連動
	❷ As is - To be ギャップの定量把握
	❸ 企業文化への定着
5つの共通要素	❶ 動的な人材ポートフォリオ
	❷ 知・経験のダイバーシティ＆インクルージョン
	❸ リスキル・学び直し
	❹ 従業員エンゲージメント
	❺ 時間や場所にとらわれない働き方

「持続的な企業価値の向上と人的資本に関する研究会報告書 〜人材版伊藤レポート」（経済産業省、2020年9月）より

たわけです。

そうした人的資本経営を推進する一つの施策と考えられているのが社員のリスキリングです。前述の「人材版伊藤レポート」では、人材戦略に求められる3つの視点（Perspectives）と5つの共通要素（Common Factors）、いわゆる「3P・5Fモデル」を提唱しており、その「5F」の一つに「リスキル・学び直し」をあげています（図1）。

すなわち、これからの企業経営において、人的資本経営を推進し企業競争力を向上させるには雇用者側が社員にリスキリングを課すことが不可欠であり、しかもそれは早急に取り組むべき重要課題だということです。

人生100年時代で激変するビジネスパーソンの仕事人生

次に、ビジネスパーソンの立場から考えてみましょう。

50歳後半から60歳の間――。

これが何の数字かおわかりでしょうか？

企業における一般的な役職定年の開始年齢です。

一方、定年については現在60歳と定めている企業が最も多いですが、少子高齢化による労働人口の減少、年金受給開始年齢の引き上げ、人生100年時代の到来などを背景に、定年退職の年齢は徐々に延長されています。

2025年4月からは定年制を採用しているすべての企業において65歳までの雇用確保が義務となり、さらに2021年4月から施行された改正高齢者雇用安定法では70歳までの労働者の就業機会の確保が企業の努力義務とされ、今後は社会全体の定年が70歳に引き上げられると考えられます。これらのことから見えてくるのは、ひと昔前は役職定年と定年退職の間に数年しかなかったものが、今後は例えば55歳で役職を離れたとしても仕事人生はまだまだ続くということです。当然ながら、それに伴いビジネスパーソンのライフサイクルも大きく変化することになります。

大学を卒業し、22歳で企業に就職したビジネスパーソンを例に考えてみます。最初はその部署やチームの中で最も若手で序列が低い部下の立場からスタートするのが通常でしょう。いわば「年下部下」というフェーズから仕事人生が始まるわけです。

そこから少しずつ仕事を覚え、顧客や上司からの信頼も得て、20代後半で係長、30代半ばで課長、そして40代で部長へと昇進していきました。「年下部下」だったフェーズから、徐々に「年上上司」というフェーズへ移行し、最後はその部署やグループの中で最も年長者で序列が高い立場となった——ということです。

ひと昔前ならば、50代後半で役職定年となった後、与えられた仕事に数年間従事したら、好むと好まざるとにかかわらず定年退職を迎えました。そのため、仕事人生は前述の通り、「年下部下」からスタートし、「年上上司」を経てゴールにたどり着くという、大きく二つのフェーズに分かれるのが通例でした。

しかし、これからのビジネスパーソンの仕事人生には、もう二つのフェーズが加えられることになります。そのフェーズとは「年下上司」と「年上部下」です。

70歳定年の浸透により増加すると考えられるのが「年下上司」、すなわち役職定年後の年長のチームメンバーをマネージャーとして指揮する上司の存在です。現在でもマネージャーを務めている人たちの中には「年上部下」を持っている方も少なくないと思いますが、今後はさらに増えていくと考えられます。そして当然ですが、やがては逆の立場になります。すなわち、役職定年から70歳の定年退職までの10年余は、年下の上司の指揮のもとで働く「年上部下」になるということです。

つまり、人生100年時代の到来と70歳定年制の導入により、ビジネスパーソンの仕事人生は長くなり、おそらくほとんどの人が「年下部下」「年下上司」「年上上司」「年上部下」という4つのフェーズを経験することになると考えられます（図2）。

そして、その4つのフェーズでは担う仕事も求められる知識、優先度の高いスキルも変わってくるでしょう。

例えば、「年下部下」ならば、顧客や上司と良好な関係を築くためのコミュニケーション力は引き続き重視されるでしょう。「年下上司」になったならば「年上部下」を自発的に動かすきめ細やかさを持った人心掌握力、「年上上司」という立場ではチームメンバーの能力を最大限に高めるマネジメント力、最後の「年上部下」のフェーズではそれこそDX推進をサポートするためのITのスキルや思考の柔軟性を求められる可能性があります。そして、これからのビジネスパーソンにはそうした状況に順応する力が求められることになるでしょう。

図2 ｜ 個人の仕事人生における4つのフェーズ

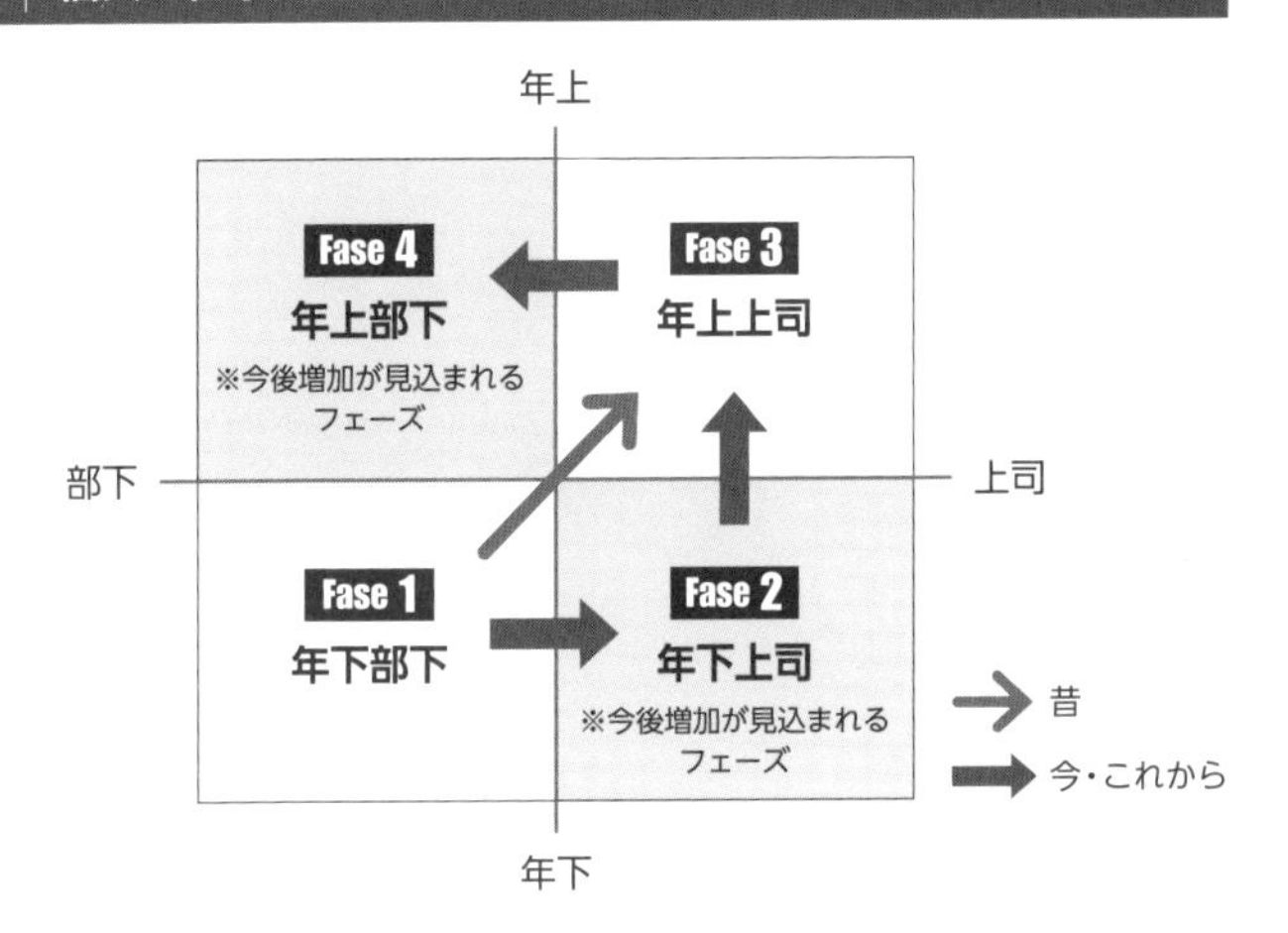

必要なのは「人材開発」ではなく、「人材覚醒」である

すべてがうまくいく究極の方法とは何か?

では、今後ますます長くなる仕事人生を最後まで全うし、4つのすべてのフェーズにおいて第一線で活躍するにはどうしたらよいでしょう。

それはずばり、「成長し続けること」「成長のための努力を止めないこと」です。

この「成長」には、「スキル」と「健康」という二つの側面があります。

人間は自分の成長が止まったと思った瞬間から、人の成長を疎ましく感じたり、自分の立場を守ろうとあがいたり、そのために人の足を引っ張ったりするなど悪循環に陥る傾向が強くなります。

そして、この悪循環は「スキル」という側面において成長が止まったと感じることによっ

て起こるだけではなく、「健康」という側面においても成長が止まったと感じる、すなわち老化を実感し始めることによっても引き起こされます。なぜならば、人間は老化を感じ始めると精神的にも肉体的にも明るい未来の可能性はないと思い込み、自らにブレーキをかけ始めるからです。

では、逆に、どんなに年齢を重ねても、シニアになっても自分は成長し続けられるということを実感できていたらどうでしょう。

健康という側面が充実していれば、集中力やモチベーションも自然と高まってきます。スキルという側面で成長実感があれば、何事にも積極的に取り組むようになります。必然的にスキルや業務内容が広がっていき、それによってさまざまな新しい人とも関われるようになり、さらに自分が磨かれていくという好循環が生まれます。もちろん、人の成長を疎ましく感じたり、人の足を引っ張ったりしようなどという邪悪な(?)気持ちは起きづらくなるでしょう。

だからこそ、いくつになっても成長し続けられる実感を持てることが最も大切なのです。そして、そのためには土台となる「健康」はもちろんのこと、常に新たな「スキル」を身につける、すなわちリスキリングが不可欠ということです。

人生において最も輝かしい状態を実現する

一方で、リスキリングとは企業（雇用主）による社員の人材開発の一環というイメージを持っている方も多いでしょう。それは、確かにその通りです。ご存じのように、人材開発とは教育や訓練によって社員の知識やスキル、行動の質を高めてパフォーマンスを向上させる取り組みです。社員研修や外部講座という手段を駆使する企業がほとんどで、著者らの会社にも多くの企業からご依頼をいただきます。

もちろん、企業研修では経営者や現場のニーズに合致した人材開発プログラムを実施することで、多くの企業で社員のスキルやモチベーション、エンゲージメントの向上が図られています。しかしその一方で、人材開発と聞くと、社員側からいえば企業が人材を〝開発する〟というイメージが強く、自分たち人材は〝開発される〟のだという、受動的あるいは強制的と捉えるビジネスパーソンも少なくありません。つまり、人材開発と聞くと「やらされ感」を覚えるビジネスパーソンも多いというのが実態といえるでしょう。

こうしたことから、著者らはこのリスキリングが重要視される昨今、「人材開発」という言葉から、新たに「人材覚醒」という、より当事者側に立った概念を提唱したいと考えています(言葉遊びに聞こえるかもしれませんが)。

「覚醒」とは、①目が覚めること、目を覚ますこと、②迷いから覚めること、迷いを覚ますことです(『広辞苑(第7版)』)。そして、〝覚醒する〟のは人材、すなわち主語は一人ひとりのビジネスパーソン自身にほかなりません。

つまり、ビジネスパーソンにとって、「人材開発」が受動的あるいは強制的なニュアンスであるのに対し、「人材覚醒」は能動的かつ自発的であり、今すべてのビジネスパーソンに持っていただきたい概念なのです。そして、自らのスキルを〝再武装〟することで、自らを〝再覚醒〟させるとともに、人生における〝最覚醒〟を実現するリスキリングという考え方や方策は、まさに人材覚醒のための有効な手法の一つといえるでしょう。

大切なことなので繰り返し述べますが、リスキリングの真の目的は新たなスキルを身につけ、スキルの強化を図ることで、現状に甘んじていた自分を再び目覚めさせるとともに、何歳であっても人生において最も輝かしい状態を実現すること――といえます。そして、その行為の主体は、ほかでもないあなた自身なのです。

成功のための新常識、〝学びやすい体〟をつくる

リスキリングは「BODY」「Will」「Skill」で考える

リスキリングというと、Skill（スキル）を向上させることばかりに着目しがちですが、それだけではうまくいきません。なぜならば、スキルの土台となっているのはWill（ウィル）であり、そのウィルを支えているのはBODY（ボディ）だからです。

「ボディ」とは心身の健康、いわば生命体および人としての「あり方」であり、「ウィル」は意思や思い、言い換えれば「捉え方・考え方」です。そして、「スキル」は能力やノウハウであり、「やり方」と言い換えることもできるでしょう。

スキル（やり方）の再武装を図るには、土台となっているウィル（捉え方・考え方）、ボディ（生命体および人としてのあり方）の改善・向上も不可欠であり、重要度の割合をランチェスター戦略の数値割合や著者らの経験則を用いて表すとしたら「スキル14%、ウィル29%、ボディ57%」、倍率では「スキル1に対して、ウィル2倍、ボディ4倍」とウィルやボディの比率

が圧倒的に高いといえるでしょう（図3）。

これはご自身の経験を振り返ってみても納得感があるのではないかと思いますが、いくらスキルを高めようと考えても、そのことに対する思いやモチベーションが不足していたら、リスキリングの継続は難しいということです。さらに、免疫力低下による風邪や睡眠不足、二日酔い、片頭痛、肩こり、腰痛などの体調不良の状態であったら、そもそもリスキリングに取り組もうという思いやモチベーションを持つことすら困難なのではないでしょうか。

Skill × Will × BODY――。

この方程式こそが、リスキリングを成功に

図3 リスキリングを成功に導く3つの構成要素と重要度

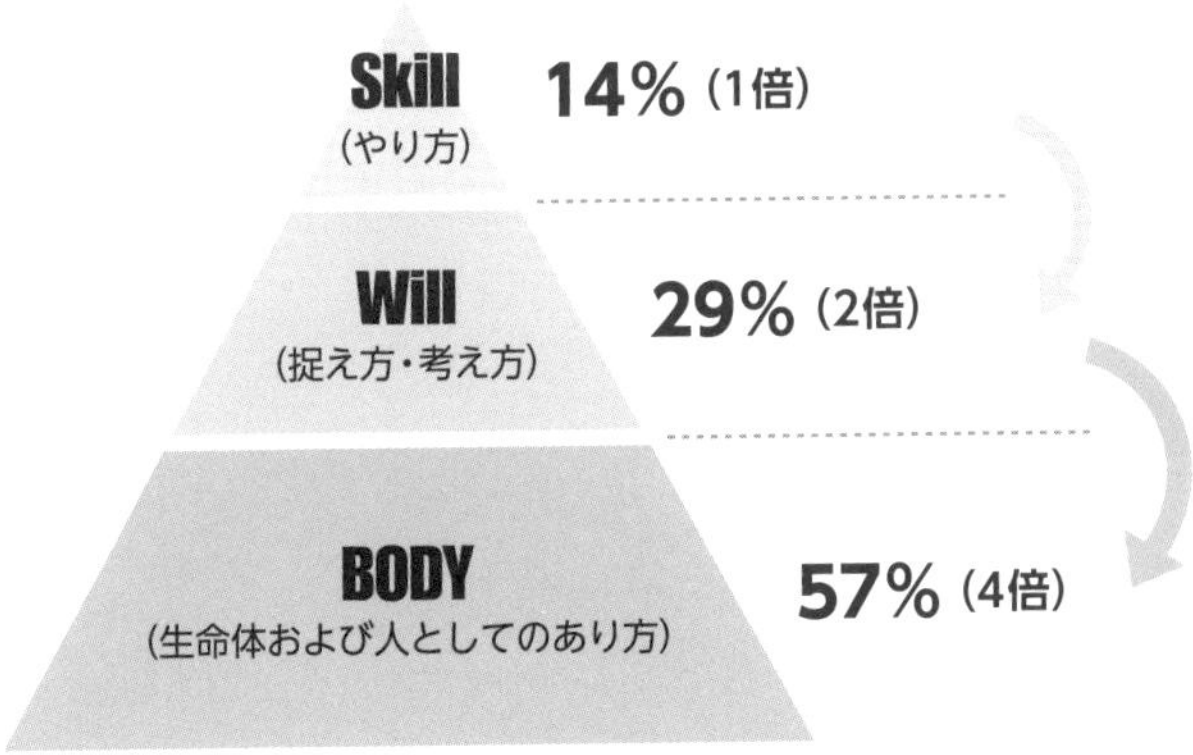

構成要素	重要度
Skill（やり方）	14%（1倍）
Will（捉え方・考え方）	29%（2倍）
BODY（生命体および人としてのあり方）	57%（4倍）

参考：フレデリック・W・ランチェスター「ランチェスター戦略」

導く鍵です。すなわち、リスキリングにおいては、目標としているスキルを獲得するには、その土台であるウィル、そしてボディにも意識を向けて、それらを万全な状態にしていることがとても重要ということです。「やり方」の〝再武装〟を図る「Re-skilling（リスキリング）」をするには、「捉え方・考え方」や「あり方」の〝再武装〟である「Re-Will（リウィル）」「Re-BODY（リボディ）」が不可欠なのです。

言い換えれば、リウィルやリボディとは「身体的にも精神的にもそのスキルを発揮するに値する人になる」ということです。私たちがビジネスにおいて誰かに何かを依頼する際は、スキルのみならず、人格や立ち居振る舞いまで含めて好感が持てる人を選ぶでしょう。逆に考えれば、いくらすばらしいスキルを身につけていたとしても、自らの人格や振る舞いがそれに見合っていなければ、まさに羊質虎皮（ようしつこひ）、外見は立派でも実質が伴っていないと思われるでしょう。だからこそ、リウィルやリボディで自分自身を磨き、身体的にも精神的にもそのスキルを発揮するに値する人になるという視点も大事なのです。

本書のテーマであるリスキリングについては第2章以降で詳しく解説していきます。まずはリスキリングの土台となるリウィルとリボディについて見ていきましょう。

リボディで最も重要なのは睡眠の量と質

最初にリボディ、「あり方」の〝再武装〟について解説していきましょう。

私たち人間の能力やスキル、言い換えれば「ＩＱ（知能指数）」は、気分や気力、感情といった「ＥＱ（感情知能）」に支えられています。さらに、その土台となっているのは体力や体調、体質であり、これを著者らは「ＢＱ（身体知能）」と呼んでいます。

ＢＱ（身体知能）とはBody Intelligence Quotientの略で、ビジネスパーソンが仕事におけるパフォーマンスを最大にするうえで必要不可欠となる健康の維持・向上にフォーカスした考え方や知識、スキルです（ＢＱに興味がある方は、拙著『引退しちゃう人 引退しない人』『ＢＱリーダーシップ』をご覧ください）。

そして、このＢＱが低いと、ＥＱのコントロールが乱れ、ＩＱも発揮できません。つまり、ＩＱやスキルを高めるにはＥＱはもちろん、さらにその土台であるＢＱも向上させることが不可欠であり、この３つを総合的に高めていく考え方を「ＢＥＩＱ（ベイキュー）」といいます（図４）。

では、ＢＱの維持・向上を図るにはどうしたらよいのでしょう。キーワードは３つ、「睡眠」「食事」「排せつ」です。これらはいずれも大切なものですが、あえて優先順位をつけるとしたら最も重要なのは「睡眠」といえます。

睡眠には体と脳の健康を保つためのメンテナンス機能があり、睡眠の量や質が不足すると体がだるい、集中力が続かない、日中眠気に襲われるなどの不調が生じます。

睡眠の量については、個人差による1〜2時間の違いはあっても、基本的には8時間程度の睡眠をとるのが理想でしょう。ちなみに、著者の阿部は〝気合と根性〟で毎日8〜9時間は眠るようにしています。

一方、睡眠の量は十分なのに翌日も疲れが残っている場合は、睡眠の質が不足している可能性があります。寝つきがよく、ぐっすり眠れ、寝起きがすっきりしている。そんな質

図4　3つを総合的に高めていく「BEIQ」という考え方

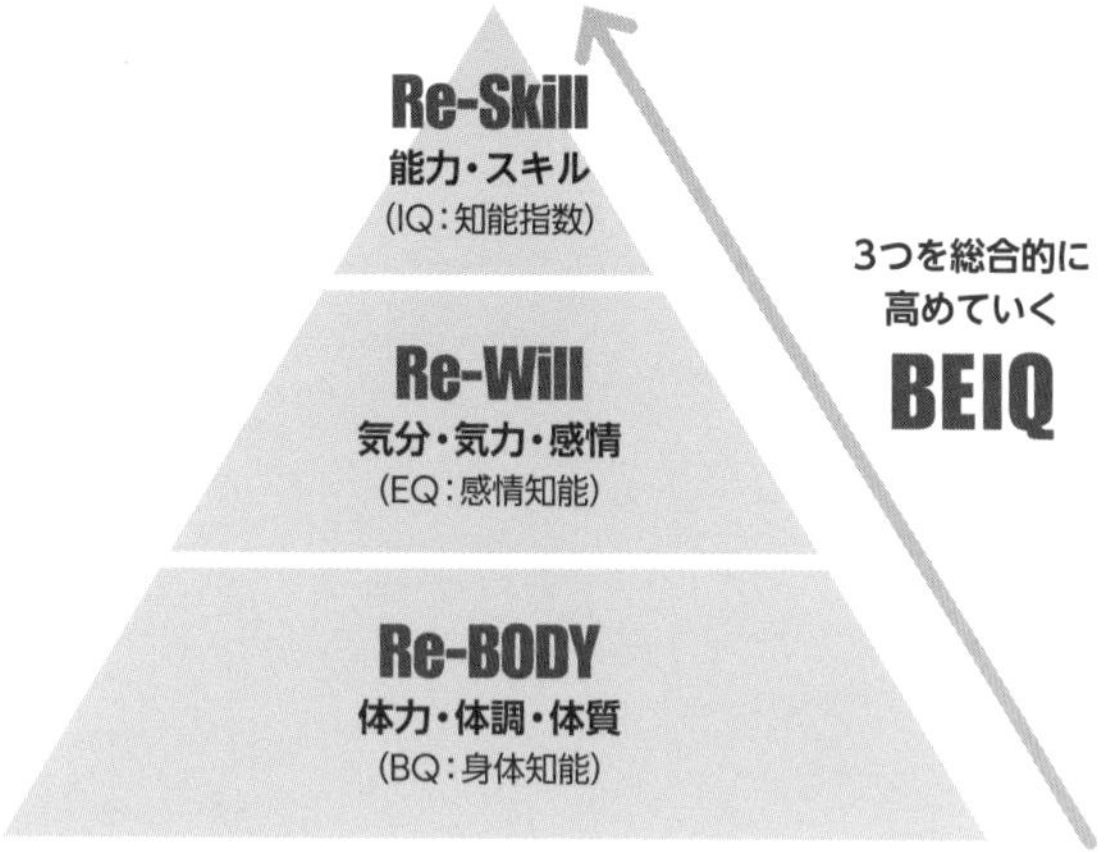

Re-Skill
能力・スキル
(IQ：知能指数)

Re-Will
気分・気力・感情
(EQ：感情知能)

Re-BODY
体力・体調・体質
(BQ：身体知能)

3つを総合的に
高めていく
BEIQ

の高い睡眠をとるには夕方になってきたら日中活発になった交感神経の働きを抑え、眠りをつかさどる副交感神経を高めていくことが重要です。

具体的には、①デジタル機器が発するブルーライトを浴びると睡眠ホルモンであるメラトニンの分泌が抑制されるため、眠る前のパソコンやスマートフォンの操作は控える、②副交感神経の働きを鈍くするカフェインや、体内でアセトアルデヒドという覚醒作用がある物質に分解されるアルコール類は飲まない、③息が上がるほどの運動は交感神経が優位となり体も興奮状態になってしまうため、寝る前に激しい運動をしない――、こうしたことを気をつけたいところです。

食事は食べることだけでなく、排せつまでを考慮する

食事についてはバランスよく食べるのはもちろんですが、それに加え排せつのこと、すなわち腸内環境への影響も考慮して食べることが大切です。

「脳腸相関」という言葉をご存じでしょうか？　これは、脳と腸は互いに情報を伝達し合い、双方向で作用し合う関係にあるという意味の言葉です。

従前は脳が全身の司令塔であるとされており、腸との関係でも脳が感じた不安やストレ

スが腸に伝えられ不調を起こすと考えられてきました。しかし近年の研究では、腸には腸管神経系という独自の神経ネットワークがあり、感知したさまざまな情報を脳に伝達していることがわかってきています。つまり、「脳から腸へ」といった一方的な関係ではなく、「脳から腸へ、腸から脳へ」という双方向的な関係にあるということです。脳の調子がよければ腸の調子も良好、腸の調子がよければ脳の調子も良好であるというわけです。

実際、慢性的な便秘は脳の働きに影響を及ぼし、やる気や集中力を低下させ、効率や生産性を下げるとされています。食事の際には、便秘になりにくい食品を摂取するよう心がけてください。具体的には、日本人ならもともとの日本人の食生活や体に合った麹や納豆など善玉菌を含む食品、ほうれん草やさつまいもなど不溶性食物繊維を含む食品、わかめ、こんにゃくなど水溶性食物繊維を含む食品に加え、水分を多めにとるようにするとよいでしょう。

また、炭水化物のとり過ぎにも注意が必要です。

ご飯やパン、麺類などの炭水化物を摂取すると血液の中の糖分が上昇し、その血糖値を下げるためにホルモンが分泌されます。

その際に、あまりに炭水化物をとり過ぎると、血糖値スパイクと呼ばれる急激な血糖値の変化が起きて強い眠気や倦怠感を覚えやすくなるのです。

もしも一般常識を知らず、1日3回、炭水化物中心の食事をし、そのたびに強い眠気や倦怠感に襲われていたらどうでしょう。業務や学びにあてる時間が少なくなるとともに、やる気や集中力も減少するのではないでしょうか。そうした事態にならないためにも、炭水化物中心の食事をしている方は炭水化物を大幅に減らし、食物繊維やたんぱく質を中心にバランスよく摂取するよう心がけてください。血糖値の安定こそが、やる気や集中力の持続につながるのです。

「睡眠」「食事」「排せつ」を適切な状態にすることで〝学びやすい体〟〝学び疲れになりづらい体〟をつくる――、これがRe-BODY、「あり方」の〝再武装〟の肝です。

捉え方・考え方を〝再武装〟し、変革へのブレーキを外す

自らにネガティブな言葉を使うことを禁じる

次に、リウィル、すなわち「捉え方・考え方」の〝再武装〟について解説します。

ボディ（あり方）にもスキル（やり方）にもよい影響を与える行動の一つが「ポジティブに考える（捉える）」です。

米国の心理学者アルバート・エリス氏が提唱した論理療法で用いられる「ＡＢＣ理論」をご存じの方も多いと思います。Ａは Activating events（出来事）、Ｂは Belief（受け止め方・思い込み）、Ｃは Consequences（感情・結果）のことで、出来事（Ａ）があって感情・結果（Ｃ）が生じるのではなく、その間に本人の受け止め方や思い込み（Ｂ）があることで感情・結果（Ｃ）が決まるという理論です。

同じ出来事に遭遇しても、その人がポジティブに考えるか、ネガティブに考えるかによって、そこから発生する感情・結果はまったく異なるということです。

例えば、リスキリングで難関といわれる資格を取得したいと思ったとき、最初から「実現できそうにない」と思えばその通りになり、「必ず実現できる」と信じればいつか本当に実現できるということですね。

こうした現象を心理学ではプライミング効果と呼びます。これは「前もって教え込む」という意味の英語「Prime（プライム）」に由来しており、前もって知っている情報に影響されて考えや行動が無意識に変化する、つまり暗示にかかることを指します。

そして、リスキリングを成功に導くには「必ず実現できる」というポジティブな捉え方が必要です。また、そういうポジティブな言動・発言をしていくことがさらに重要になります。これを機に「できない」「無理だ」「諦める」などのネガティブな言葉、「でも」「どうせ」などの後ろ向きな接続詞の使用を自らに禁じてはいかがでしょうか。それが習慣になったならば、考え方や言動も劇的に変化するはずです。

大切なのは、変革を妨げる悪い固定観念に気づくこと

続けて、リウィルとしてもう一つお勧めしたいのが、自らが持つ固定観念に気づくことです。なぜならば、リスキリングを始めたけれど続かない、自分を変えたいと思っている

けれど変われないといった場合は、およそ固定観念が邪魔をしているケースが多いからです。

では、どうしたら自分の固定観念に気づくことができるのでしょう。そのために活用したいのが、米国の発達心理学者であるロバート・キーガン氏らが『なぜ人と組織は変われないのか ハーバード流自己変革の理論と実践』(英治出版)で発表した「免疫マップ」です。

私たち人間は「何かを変えたい」という「改善目標」を持っています。一方で、私たちは「改善目標」を阻害する行動をとることがあり、その「阻害行動」を克服するのが難しい場合が往々にしてあります。なぜならば、「阻害行動」を引き起こしている背景には「裏の目標」があり、さらにその土台となっている「強力な固定観念」が存在しているというのがキーガン氏らの主張です。


なぜそうした状況になるのか。それは、人間は変革を望む一方で、変革に対して多かれ少なかれ不安を感じるからです。そのため変革をはばむ「免疫機能」が存在しており、その免疫機能に相当するのが「裏の目標」と「強力な固定観念」なのです。「免疫マップ」を使って「裏の目標」と「強力な固定観念」をあぶり出すことができれば、私たちが変革できない真の原因を明らかにすることができると氏らはいいます。

では、金融機関に勤務しているAさんの事例を見てみましょう。

Aさんはリスキリングを目指し、「基本情報技術者試験」という国家試験への合格を目指しています。しかし、周囲の人に合わせて残業をしたり、上司や同僚との飲み会があったりでなかなか勉強が進みません。

悩んだAさんは「免疫マップ」を使って変革できない真の原因を探ることにしました。自問自答の末にAさんがたどり着いたのは、以下のようなものでした。

勉強のために早く退社したり飲み会を断ったりするなど、会社の中で自分だけ違う行動をして目立ちたくない。なぜなら、人と違う行動をとると集団の中で不利な扱いを受けてしまう。これが自らの「裏の目標」と「強力

図5　免疫マップ（例）

改善目標	阻害行動	裏の目標	固定観念
基本情報技術者試験に合格したい。	周囲の人に合わせて残業をしたり、上司や同僚との飲み会があったりでなかなか勉強が進まない。	勉強のために早く退社したり飲み会を断ったりするなど、会社の中で自分だけ違う行動をして目立ちたくない。	人と違う行動をとると集団の中で不利な扱いを受けてしまう。

参考：ロバート・キーガン、リサ・ラスコウ・レイヒー
『なぜ人と組織は変われないのか　ハーバード流自己変革の理論と実践』（英治出版）

な固定観念」である——と（図5）。

自分を変えたいと思っているが変わることへの不安も感じている、あるいはリスキリングが継続できなくて悩んでいるという方は、ぜひ「免疫マップ」を活用して自分自身が持っている「強力な固定観念」とは何かを明らかにしていただきたいと思います。

自分にはこんな固定観念があるのだと気づくことがスタートです。強力な固定観念を完全に取り払うことは難しいですが、自分が持っているいくつもの固定観念を知り、それに縛られないよう意識するだけでも行動が変わるでしょう。

アクセルは「社会的ランク」からの解放！

個人や組織同士に軋轢をもたらす「ランク」とは？

そしてもう一つ、リウィルのために最も重要ともいえるのが「社会的ランク」を外すことです。

米国の心理学者アーノルド・ミンデル氏は、人間関係に大きな影響を与える要素の一つとして「ランク」という概念をあげています。そして、氏は「ランク」には外的に付与される「社会的ランク」「文脈的ランク」、内的に獲得する「心理的ランク」「スピリチュアルランク」があるとしています。

最後の「スピリチュアルランク」はわかりにくいと講義中によくコメントをいただくため、著者らは「社会的ランク」「文脈・状況ランク」「心理的ランク」「身体的ランク（スピリチュアルランク）」と整理しています。

各ランクの概要は以下の通りです（図6）。

外的に付与されるランク

社会的ランク……社会的地位や財産、学歴、年齢、性別など、所属する実社会で価値があると思われている属性などが社会的ランクにあたります。

文脈・状況ランク……ある状況や環境において、その瞬間に生じるランクです。例えば、今現在の議論において優位な立場にある、周囲の支持が得られやすい状況にある、その場にある暗黙のルールを理解しているなどが文脈・状況ランクといえます。

内的に獲得するランク

心理的ランク……自分自身への評価のことを指します。自己肯定感を持ち、心理的に安定した状態であると心理的ランクは高まります。心理的ランクが高い人ほどさまざまな人と対等につき合うことができ、逆に心理的ランクの低い人は心理的ランクの高い人の影響を受けやすく他者と対等な関係を築くことが難しくなる傾向にあります。

身体的ランク（スピリチュアルランク）……自分よりも大きな存在とつながっている感覚から生まれるランクです。例えば、精神が神とつながっている感覚、身体が祖先とつながっている感覚、大きな使命を感じられていることによる安心感、天職に従事しているという充実感などがこれにあたります。

4つのランクの概要を見てきましたが、ランクが高い人はそれが空気のように当たり前のため、ランクの高低を自覚しにくい傾向があります。逆に、ランクが低い人はランクの高低を自覚しやすい傾向にあります。そして、個人および組織同士の軋轢は、これらのランクが原因になっている場合が多々あります。

例えば、一般的にメーカーでは開発部が社

図6　人間関係に大きな影響を与える4つのランク

外的に付与されるランク このランクに縛られると生きづらくなる	**社会的ランク** 社会的地位や財産、学歴、年齢、性別など
	文脈・状況ランク 今現在の議論において優位な立場にある、周囲の支持が得られやすい状況にあるなど
内的に獲得するランク このランクを高めると生きやすくなる	**心理的ランク** 自分自身への評価。自己肯定感を持ち、心理的に安定した状態であると心理的ランクが高まる
	身体的ランク（スピリチュアルランク） 自分よりも大きな存在（神、地球、祖先）とつながっている感覚から生まれるランク

参考：アーノルド・ミンデル「プロセスワーク」

会的ランクの上位に位置し、製造部はその下という構図がよく見られます。開発部員は決して製造部員を見下しているわけではないのですが、自分たちの社会的ランクの高さに無自覚な行動をとりがちです。一方の製造部員は社会的ランクの低さに敏感なため、開発部員のなにげない行動に対し自分たちは下に見られていると感じ、わだかまりを高めていきます。そして、その対立を放置しておくと、生産性や製品の品質にも悪影響を及ぼすことになるのです。こうしたランクによる軋轢の解消には、ランクが高い側の人間がランクの存在を自覚したうえで、相手に歩み寄り、対話を重ねる努力が求められます。

さて、ここまで4つのランクの概要とそれが個人および組織同士の軋轢の原因になることを解説してきましたが、実はこのランクはリスキリングにも多大な影響を与えます。この4つのランクに対する捉え方・考え方によっては、リスキリングのブレーキになる、つまりリスキリングを阻む大きな要因になるのです。

社会的ランクがリスキリングのブレーキとなる理由

なぜ4つのランクに対する捉え方・考え方がリスキリングのブレーキとなるのか。

それは、自身が社会的ランクに縛られている状態では自らに新しい挑戦を課し、ラーニングゾーンに踏み出すというリスキリングに全力を傾けることが難しいからです。

社会的ランクとは、言い換えれば「自分自身にレッテルを貼る」ことにほかなりません。「自分は一流企業の役員だ」「自分はメガバンクの部長だ」、あるいは「自分は中小企業の課長だ」「自分は地方銀行の営業だ」などがその一例です。

一方、リスキリングとはこれまでの自分自身のレッテル、すなわち社会的ランクの外側にあるスキルに着目し、そのスキルをフルに伸ばしてみようという、自分自身にとって革新的ともいえる取り組みです。そのとき、自分自身のレッテル、すなわち社会的ランクに縛られていたら、リスキリングに全力を傾けられるでしょうか。

例えば、「自分は地方銀行の営業で、支店長にはなれなかった。だから、支店長にはかなわない」など、自分は社会的ランクが低いという意識を持っていたら、新しいことを学ぼうといった前向きな思考にはなりづらいでしょう。

逆に、「自分は一流企業に入社し、同期の中で唯一役員まで上り詰めた」など、自分は社会的ランクが高いと慢心している場合も、新しいことを学ぼうという気概が湧いてこないと思います。

社会的ランクがいかにくだらないかに気づいた

社会的ランクに縛られていたら、新たなことに取り組むといった前向きな思考ができない――。これは阿部自身が身をもって実感したことでもあります。生家が東京・高田馬場だったこともあり、阿部の父や叔父、従兄弟などはみな早稲田大学に進学し、大学でも首席など優秀な成績を残してきました。そんな家系ですから阿部自身も早大に入学するのが当たり前という空気の中で同大を受験しますが、元来頭のできが悪く、しかもかなりの勉強嫌いが相まって当然受かりませんでした。一浪して再び早大を受けましたがあまり希望していない学部への合格という結果で、さすがに二浪はできないのでそれならばとすべり止めの大学へ行くことになりました。親族はみな早大に進学したのに自分はダメだった、自分は負け犬だ……。そんなみじめさが体中に充満し、親族や早大生を見るにつけ自分の社会的ランクの低さを痛感する日々が続きました。当然、大学で勉強しようという意欲も、新しいことに挑戦したいという気持ちも湧かずの日々です。

そんな阿部を救ってくれたのが、１９８６年12月7日に国立競技場で行われたラグビー関東大学対抗戦での明早対決です（一般的には早明戦と言いますが、明大出身者は愛校精神を持って「明早戦」とか「明早対決」と表現します）。明治大学ラグビー部ＯＢ・ＯＧ倶楽部のホームページによれば、この試合は明早戦21回目の全勝対決で、史上最高と言われた前年の250人を20倍も上回る5000人が徹夜でチケットを購入したということです(阿部も友人たちと秩父宮競技場の前で徹夜しました)。試合当日、阿部は友人と一緒に明大の後半戦のゴールポストから100mほど離れた席で観戦していました。監督は「前へ」を信念に豪快な突進を武器とする明治のラグビーを確立した北島忠治氏、主将は現在釜石シーウェイブスRFCのシニアアドバイザーである高橋善幸氏です。午後3時少し前、試合開始。まさに息をのむ接戦の中、選手たちは自分たちの信念を曲げず、前へ前へとただひたむきに突進していきます。その姿を見ているうちにいつしか涙があふれ、最後は顔をぐしゃぐしゃにして泣いていました。そして試合終了、結果は13対12で明治の勝利でした。

このとき、阿部は心底思いました。生きていれば上等だ、自分の信念を貫けば絶対になんとかなる、そしてどんなランクの人であっても人は人を感動させることができる——と。それが、阿部が社会的ランクを克服する最初の一歩でした。

大学卒業と同時に当時の富士銀行へ入行、3行合併後のみずほ銀行に在籍し、その後教育ベンチャー勤務を経て、ボディチューン・パートナーズを創業するなど業界や仕事内容は変化しましたが、生きていれば上等だ、自分の信念を貫く、誰でも人を感動させることができるという強い思いはずっと持ち続けてきました。

そんな阿部が社会的ランクから完全に解放されたのは2011年、45歳のことです。今でいうリスキリングのために早稲田大学大学院スポーツ科学研究科を受験し合格、約25年の歳月を経て早稲田大学への入学を果たし、5年間在籍した後、博士課程満期退学という道を選びました。もう十二分に勉強したと思うと同時に、社会的ランクがいかにくだらないものだったかに改めて気づけました。

著者(阿部)の無様(?)な体験談をご紹介しましたが、社会的ランクに縛られているなと気づいた方はぜひそれを手放し、リスキリングへのアクセルをふかしてください。そのうえで、心理的ランクや身体的ランク(スピリチュアルランク)を高めていきましょう。そうすることで、自分らしく自然に生きられるようになるはずです。また、人生も豊かで実りのあるものになっていくことでしょう。

本章の最後では、心理的ランクと身体的ランク(スピリチュアルランク)の高め方について詳しく解説していきます。

自己肯定感を持ち、心理的ランクを高める最強の方法とは?

自己肯定感を持ち、心理的に安定した状態であること――、これが心理的ランクを高めるための必須条件です。

ご存じの通り、自己肯定感とは他人と比較することなく、ありのままの自分をかけがえのない存在として「イエス」と肯定する感覚のことです。自己肯定感が高いと自分自身はもちろん、周囲の人や物事も大切に思えるとともに、物事を前に進めるための原動力となるともいわれています。


では、自己肯定感を持ち、心理的ランクを高めるにはどうしたらよいのでしょう。

書籍やインターネットを見ると、「自分の感情を書き出してみる」「自分のよいところを3つ見つける」「ネガティブな言葉をポジティブな言葉に置き換える」といった精神的なことから、「早起きをする」「体の姿勢を正しくする」「口角を上げる（笑顔をつくる）」など生活面のことまでさまざまな方法が出てきますが、それらに加えて著者らがお勧めしたい方法は「自分が本当に大切なものや好きなものを見つけるための行動（身体を物理的に移動させる）を起こす」ことです。

美術館に足を運んだり、コンサートに出かけたり、多様な人と触れ合ったり、これまでしたことのない体験をしたり、さまざまな風景に出会う旅をしたり、自然の中に身を置いたり……、佇んで考えてばかりいるのではなく、とにかく行動（身体の移動）を起こしていただきたいと思います。

行動（身体の移動）をすることにより、自分が本当に大切なものや好きなもの、すなわち自分を肯定するモノ・コトに気づけるとともに、自分が生きている意味を発見できる可能性が高まります。そして、心から大切なものや好きなものに出会い、自分の生きている意味を実感したなら、そのとき私たちはかけがえのない存在としてありのままの自分自身を肯定することができるでしょう。

自分の知識やスキルが通用しない領域に飛び出す

一方、身体的ランク（スピリチュアルランク）を高める方法の一つとして、自分の限界に挑戦してみることが考えられます。

人が成長するメカニズムを「コンフォートゾーン（安心領域）」「ラーニングゾーン（学習領域）」「パニックゾーン（未知領域）」という3つのゾーンに分けて捉える考え方があります。これは米国ミシガン大学ビジネススクール教授であるノエル・ティシー氏が提唱した人材育成・能力開発の概念です。

図7はその概念を図式化したもので、円の中心にあるコンフォートゾーンは、その言葉

通りストレスや不安がなく、限りなく落ち着いた状態でいられる領域です。その一方で、今現在の知識やスキルで十分対応できるため、物事を深く考えたり、新しいことに挑戦したりといった意欲は失われていきます。

コンフォートゾーンの外側にあるのがラーニングゾーンです。自分が持っている知識やスキルがあまり通用しないため不安や心地の悪さを感じますが、その状態を心地よい状況に変えようと努力することで人は頭をフル回転させて考えるために成長していきます。

そして、ラーニングゾーンのさらに外側にあるのがパニックゾーンです。ここでは自分の知識やスキルが通用しないばかりか、そこで何が起きているのかさえもよくわからない状態となり、思考停止しがちで精神的にも肉

図7　成長のための3つのゾーン

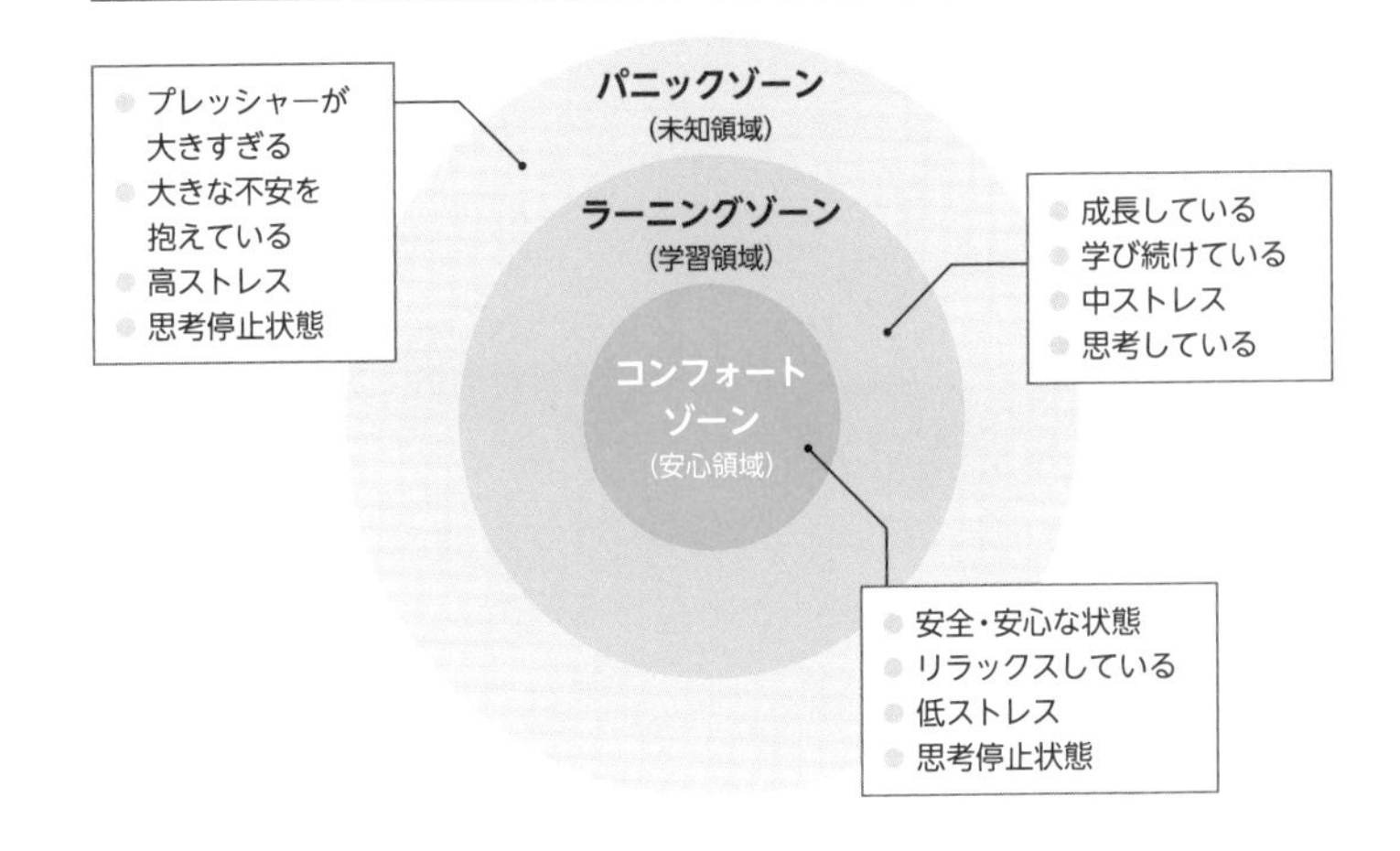

体的にも追い込まれていきます。

人が成長するためには、コンフォートゾーンとラーニングゾーンを行き来しながら、少しずつコンフォートゾーンの面積を広げ、パニックゾーンはできるだけ避けていくのが理想的だとされています。しかし、身体的ランク（スピリチュアルランク）を高めるために、ここはあえてパニックゾーン、つまり自分の知識やスキルがまったく通用しない未知の領域にごくたまに（目安は1年に数回程度）飛び出してみることをご提案したいと思います。

マラソンや海での遠泳、登山、スカイダイビング、バンジージャンプなどなんでもかまいませんが、頭だけではなく肉体も駆使し、かつ自分が不得意でこれまでどちらかといえば避けてきたもののほうがよいでしょう。

そういう運動・スポーツという手段を使ってパニックゾーンに飛び込み、不安や恐怖、緊張に晒されたとき、私たちの体内にはノルアドレナリンが分泌され、外敵から身を守るために注意力や判断力、集中力が高まり、心身は一気に戦闘モードに突入します。そうした極限の状況に身を置いたとき、今まで見えなかった何か――それはこれまで縛られてきた社会的ランクの無意味さ、一個の生命体として生かされている自分の存在、あるいは自分がこの世に生まれ落ちた意味かもしれません――が見えてくると考えています。

実際、阿部も当時の自分を限界まで追い込むため、２０１１年にサハラマラソンに出場しました。それまで東京マラソンやトライアスロン（アイアンマン）などで運動はしてきましたが、これは7日間かけてサハラ砂漠を250㎞走破する〝世界で最も過酷なマラソン〟といわれていたレースです。実際に参加してみるとサポートがしっかりしており、前評判ほど過酷ではなく、楽しいマラソン大会の一つといえます。ただ、それでも昼間の気温は52℃、湿度は5％、体から水分がどんどん奪われていき、常に熱中症による死の恐怖がつきまといます。目の前にあるのは、地平線まで続く砂漠と空だけです。そうした状況に身を投げ出したとき、阿部の脳裏に去来したのは自分の存在とは何かという問いであり、一個の生命体として生かされているという実感でした。

身体的ランク（スピリチュアルランク）を高めるために、ぜひ一度自分の知識やスキルがまったく通用しない未知の領域、パニックゾーンにスポーツなどの手を借りて身を置いてみていただきたいと思います。ただし、くれぐれも危険のない範囲で。

さて、ここまでリウィルとリボディの方法について簡単にお伝えしてきました。リスキリングの土台は整ったわけです。

次章からは、リスキリングを成功に導く極意について詳しく解説していきます。

第1章のまとめ

本章では、ビジネスパーソンにリスキリングが求められている背景、リスキリングを始める前に知っておきたい基礎知識などについて紹介した。

- **リスキリングが求められる背景**

  社員のリスキリングは、人的資本経営を推進する一つの施策と考えられている。また、人生100年時代の到来によりビジネスパーソンの仕事人生が延伸するのに合わせ、年を重ねてもビジネスの第一線で活躍できるスキルの習得が求められるようになった。

- **リスキリングの真の目的**

  新たなスキルを身につけ、スキルの強化を図ることで、現状に甘んじていた自分を再び目覚めさせる（再覚醒）とともに、何歳であっても人生において最も輝かしい状態（最覚醒）を実現すること。

- **リスキリングを成功に導く考え方**

  リスキリングというと、Skill（スキル）を向上させることばかりに着目しがちだが、それだけではうまくいかない。なぜならば、スキルの土台となっているのはWill（ウィル）であり、そのウィルを支えているのはBODY（ボディ）だからである。

  「ボディ」とは心身の健康、いわば生命体および人としての「あり方」であり、「ウィル」は意思や思い、言い換えれば「捉え方・考え方」である。そして、「スキル」は能力やノウハウであり、「やり方」と言い換えることもできる。

  スキル（やり方）の“再武装”を図るには、土台となっているウィル（捉え方・考え方）、ボディ（生命体および人としてのあり方）の改善・向上が不可欠であり、重要度を割合で表すとしたら「スキル14%、ウィル29%、ボディ57%」、倍率では「スキル1に対して、ウィル2倍、ボディ4倍」とウィルやボディの比率が圧倒的に高いといえる。

- **リウィルのための最重要課題**

  リウィルのために最も重要ともいえるのが「社会的ランク」を外すことである。社会的ランクとは、社会的地位や財産、学歴、年齢、性別など、所属する実社会で価値があると思われている属性などである。社会的ランクは自分にレッテルを貼ることとも言い換えられる。成長や進化にふさわしくない自己のレッテル貼りは再覚醒・最覚醒のブレーキとなり、リスキリングを阻害する要因となる。

第2章

〝未来のスキル〟を描く

Chapter 2

〝扇形〟にキャリアの幅を広げる

〝学びの迷子〟にならないための基本的な考え方とは？

リスキリングに取り組む際にまずすべきは、「何を学ぶか」を決めることです。しかし、政府が推進するＤＸ関連をはじめ、語学やマーケティング、マネジメント、コミュニケーションなどさまざまな分野のスキルがあり、何を学んだらよいのか悩んでいる方も多いのではないでしょうか。

そうした〝学びの迷子〟にならないために、まずは何を学ぶかを決める際の基本的な考え方から解説していきます。すでに学びたいことや習得したいスキルが明確になっている方は、この章は読み飛ばしていただければと思います。

何を学ぶかを決める際の基本的な考え方、それはずばりこちらです。

〝扇形〟に自分のキャリアの幅を広げていく――。

リスキリングについて言及した記事などでは、自分の本業とは違う分野のことを学んだほうがよいという論調も目立ちます。しかし、本業とあまりに関係がないと感じるスキルの習得を目指しても、スキルの〝再武装〟という意味において現実的ではないと著者らは考えています。

例えば金融機関のマーケティングに従事しているビジネスパーソンが、興味があるからという理由で畑仕事のスキル習得に取り組んだとしたらどうでしょう。現在有しているマーケティングのスキルと畑仕事のスキルが〝点と点〟として存在するに過ぎず、畑仕事という新たなスキルが加わることでキャリアが広がる、言い換えればシナジーを期待することは容易でしょうか？　もちろん金融機関に勤務するビジネスパーソンが畑仕事に取り組むこと自体に一切異論はなく、逆に〝健康経営上〟も大賛成ですが、それはあくまで自身の趣味の延長線だと考えるべきでしょう。

リスキリングをするのならば、やはり自分が所属する企業の事業ドメインに少なくとも

20％以上はリンクしているスキルを選ぶことをお勧めしたいと思います。

そして、その際に意識していただきたいのは、今現在の自分の仕事や自社の事業ドメインはもちろんですが、5年後、10年後、15年後に自社がどのような事業を展開しているか、そのとき自分自身はどんな仕事をしていたいかを考えながら、学ぶべきスキルを選択することです。

そのようにして、今現在および未来の自分や自社の姿と緩く、あるいは強く結びついたスキルを徐々に増やしていくことで、〝扇形〟にキャリアの幅が広がり、ビジネスパーソンとして一回りも二回りも大きく成長しているはずです（図8）。

図8 "扇形"にキャリアの幅を広げていく考え方

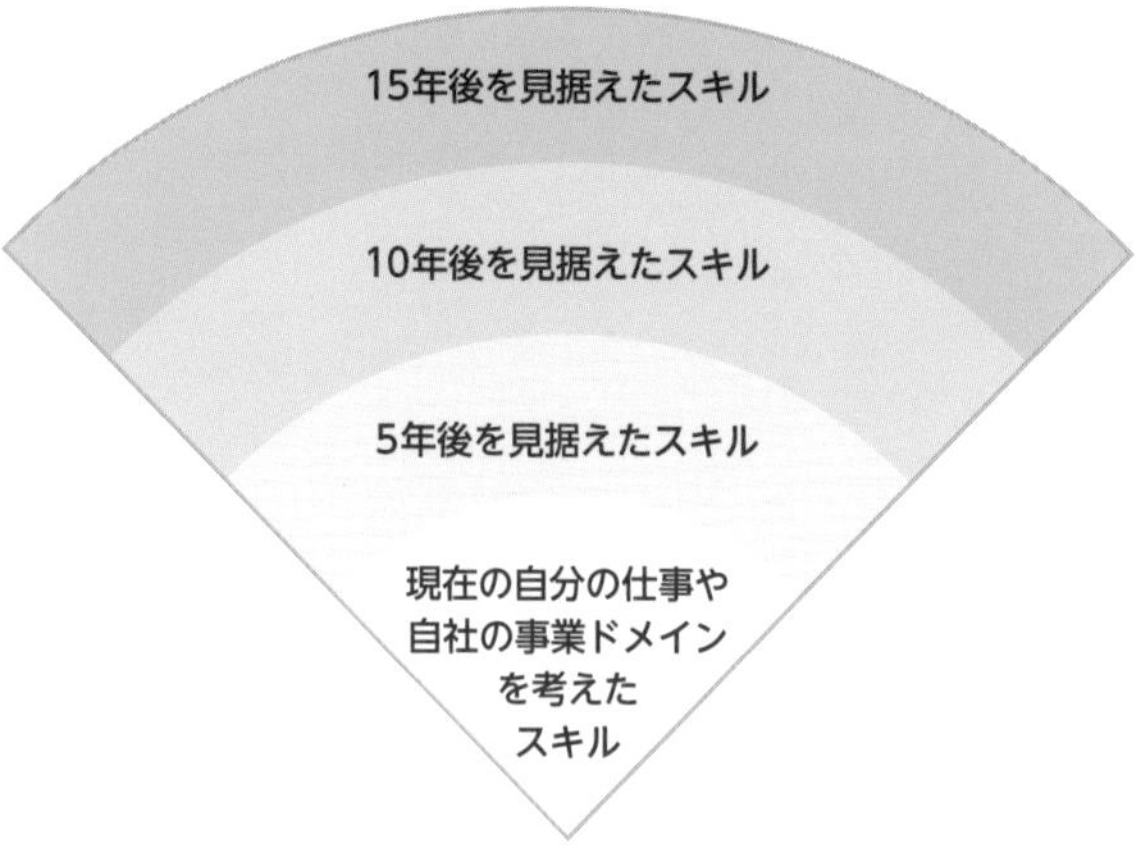

「リウィル航海図」で自らの心の変遷を知る

何を学ぶかを決める際の基本的な考え方を押さえたところで、次はリスキリングの源泉である2層目のウィル、すなわち「このスキルについて学びたいという意思や心意気」から自らの興味・関心のある分野を探っていきましょう。

その際にみなさんにお勧めしているのが、著者らが研修の場で展開している「リウィル航海図」です(図9)。これは、幼少期から少年・少女期、青年期、壮年期、今現在、そして未来まで、自分はどのような思いや心意気で生きてきたか、今後生きていくかを可視化するものです。横軸・縦軸はさまざまなものが考えられますが、著者らは横軸に「ストレス、獲得、攻撃、破壊」と「安心、安らぎ、守る、共生/順応」、縦軸には「日本、家族/祖先」「外向き、グローバル、リベラル」を置いています。

「リウィル航海図」の中心からスタートし、10代、20代、30代、今現在と振り返りながら、それぞれの時期に自分がどのような思いや心意気を抱いてきたか、そしてこれからはどのような思いや心意気で生きていくのか、自分の気持ちに近い箇所に印をつけていきます。

そうすることで、自分自身の心の変遷が容易に見えてくるというわけです。

図9の「リウィル航海図」は阿部のものです。初の男子の内孫だった阿部は祖母に（ありがたいことに）溺愛（?）され、また周囲との関係性も良好で、家族の愛や安らぎといったものが満たされた状態であったろうと思います。

それらが満たされていたからこそ、外へ外へと関心が広がるとともに、何か常に新しいものを獲得しなければならないという思いが生まれ、その思いは10代、20代、30代と年を経るごとに激しくなっていきました。しかし、新しいものを次々と獲得したり、つくっては壊しを繰り返したりしているうちに何かが違うと思い始めると同時に、日本や歴史、祖先

図9　自分の心の変遷を知る「リウィル航海図」(例)

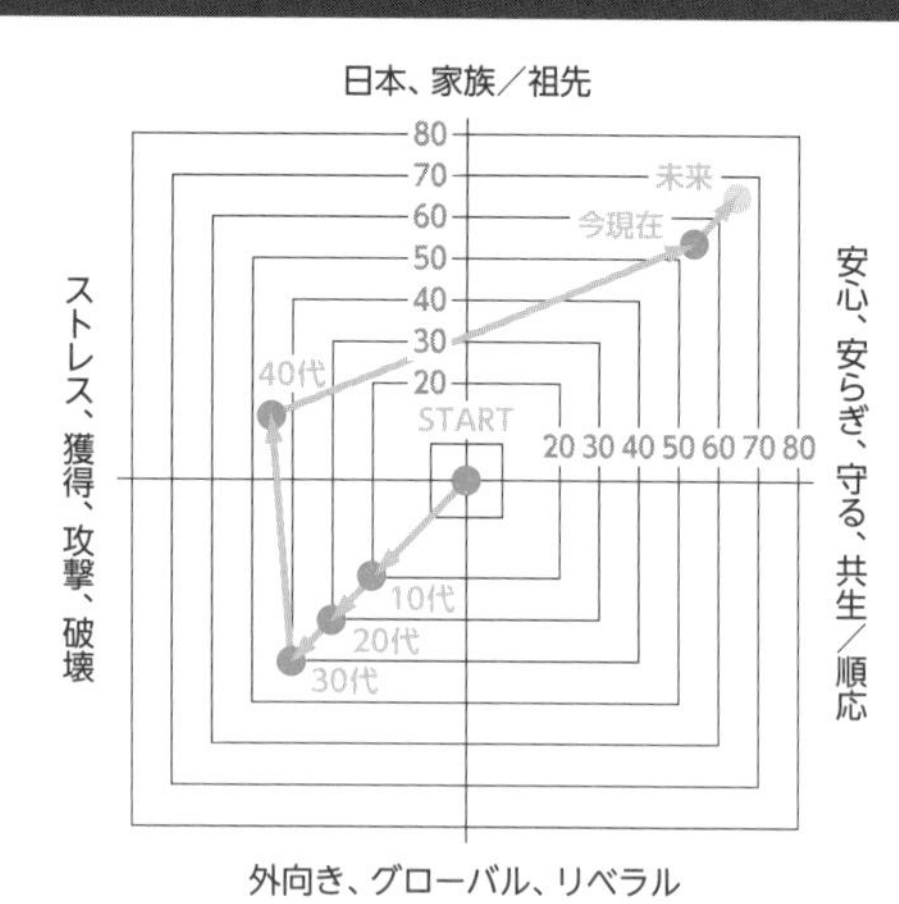

といったものをもっと大事にしなければならないという気持ちが生まれたように思います。30代後半のころのことです。

そして50代半ばの今現在、阿部はこの国の歴史や祖先、文化といったものを心から大切にしたいと思うとともに、日本人として順応や共生を重んじるDNAに誇りを持つ気持ちが非常に強くなっており、その思いはさらに深まっていくだろうと考えています。

読者の皆さんも「リウィル航海図」を活用し、ぜひ自分の心の軌跡をたどり、現在の心のありよう、すなわちウィルを把握してみてください。そして、今現在の方向性を維持して未来へ進んでいきたいと思えるなら、そのまま真っすぐに前を見て航海を続けましょう。しかし、もしもこれまで視野に入れていなかった領域に心動かされるものがあったなら今こそ舵を切り、新しいウィルに導かれる航海へと出発してはいかがでしょうか。

「リウィル航海図」からリスキリングの方向性を考える

「リウィル航海図」で現在のウィルや未来の方向性をつかんだら、自分はどのような分野のリスキリングに取り組みたいと考えているのか見ていきましょう。

図10をご覧ください。「リウィル航海図」は横軸・縦軸によってA・B・C・Dの4領域に分けられます。先ほどの阿部の例では、10代から30代はA領域にウィルがあり、40代ではC領域に移行し、50代および未来はD領域へと変化したということです。

そして、いずれの領域にウィルが存在するかによって、興味・関心が向きやすいリスキリングの分野も変わってくると考えられます。

阿部の例で言えば、A領域——外界や世界に関心が広がるとともに、新しいものを獲得するのを是とする領域——に重きを置いていた10代から30代にかけては、やはりグローバルかつ最新の知識やスキルに価値を見出していました。近年で言えば、まさにプログラムやデータサイエンス、情報セキュリティなど

図10 「リウィル航海図」から導くリスキリングの方向性（例）

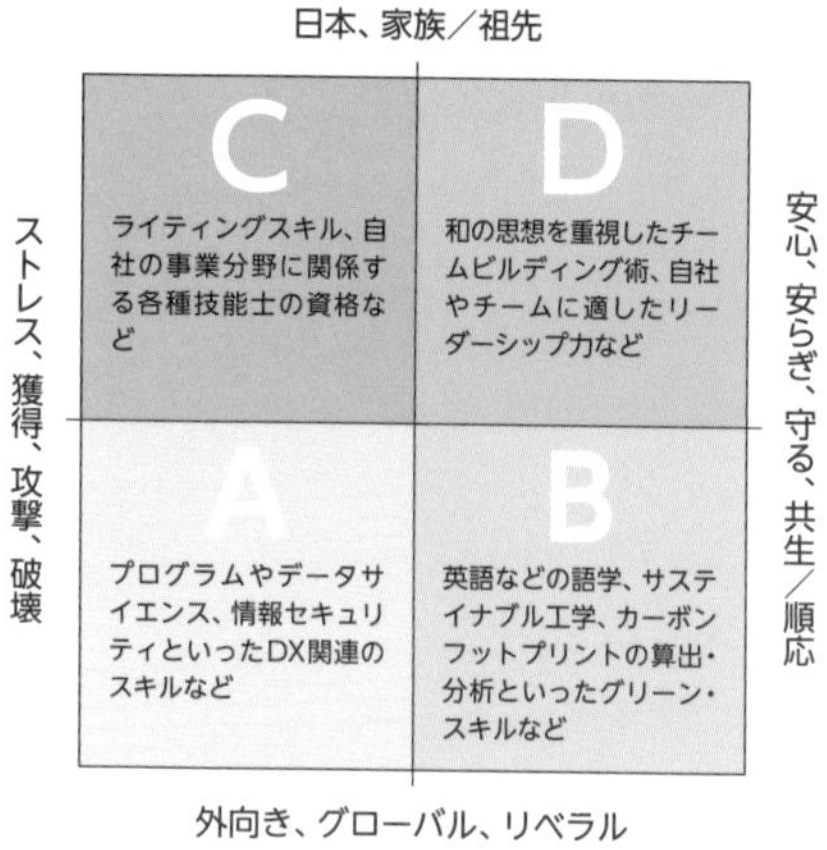

ＤＸ関連のスキルがこれにあたるでしょう。

同じく外界や世界に関心があり、安心や共生、順応を大切にするＢ領域には、英語やフランス語、ヘブライ語など語学のスキルが該当すると思います。

また、欧米を中心に関心が高まっているグリーン・スキルもここに入れてよいでしょう。グリーン・スキルとは脱炭素社会の実現に向けたスキルであり、例えば持続的成長や自律的発展を目指すサステイナブル工学、カーボンフットプリント（製品・サービスの一生で排出されるＣＯ$_2$排出量など）の算出・分析といったスキルがあげられます。

日本政府もＤＸとともにＧＸ（グリーントランスフォーメーション）――化石燃料中心の経済・社会、産業構造をクリーンエネルギー中心に移行させ、経済社会システム全体の変革を図ること――を掲げ、デジタル分野だけでなく、グリーン分野におけるリスキリングの必要性を指摘していますので、今後日本でも注目されるスキルになる可能性が高いといえます。

一方、日本の歴史や伝統文化など内なるものに関心があり、それらの創造や獲得を望むＣ領域では、例えば日本語という観点からのライティングスキル、すなわち日本らしさやオリジナリティあふれる企画書や報告書、論文などビジネスに必要な文章を書くスキルを磨くといったことが一つ考えられます。また、例えば建設や金属加工、電気・精密機器、食料品など自社の事業分野に着目し、その分野に関係する各種技能士の資格取得を目指すというのも選択肢でしょう。

そして、同じく日本の歴史や伝統文化など内なるものに関心があり、それらの安心や共生、順応を求めるD領域では、例えば和の思想を重視したチームビルディング術、自社やチームに適したリーダーシップ力、メンバーの自発的行動を促進するコーチング力、1対1の対話を通してメンバーを育成するメンタリング力などのスキルがあげられるでしょう。また、欧米で10年ほど前からもてはやされている〝マインドフルネス〟は禅的なものの逆輸入版といえますが、そういった禅的思想の本質を学び、組織マネジメントに生かしていくといったことも考えられます。

前述のように、スキルを高めるには、その土台であるボディとウィルが整っていることが不可欠です。同時に、どのようなスキルを習得するかを決めるには、過去、現在、そして未来における自らのウィルを改めて考えてみることが有効です。

自らのウィルを把握することで、自分自身に適したリスキリングの方向性が見えてくるでしょう。

リスキリングの「航海図」をつくる

自分が身につけてきた〝過去のスキル〟を棚卸しする

では、さらに具体的に自らのリスキリングの方向性を絞り込んでいきましょう。そのためには、まず自分がこれまで習得してきたスキルを棚卸しすることが重要です。

なぜなら、これから習得するスキル、すなわち〝未来のスキル〟について考えるヒントは、自らの〝過去のスキル〟にこそあるからです。過去に習得してきたスキルを振り返ることで、現在の自分に不足しているスキルやさらに高める必要のあるスキルなどが明らかになるということです。

そして、その際に活用していただきたいのが「航海図」ワークの第2弾である「リスキリング航海図」です(図11)。

「リスキリング航海図」のつくり方は以下の通りです。

❶紙に縦4マス、横4マス、合計16マスのマス目を書きます。縦軸に「好きでストレスなく取り組めるもの」、横軸には「努力や挑戦をしないと得られないもの」と書き入れます。

❷ボックスの左下に「START」と書き、いちばん右上のマスには例えば「2023年6月現在」など現在の年月を記入します。これで、「自分が過去から現在までに身につけてきたスキル」を棚卸しするためのボックスは完成です。

❸自分がこれまで身につけてきたスキルを振り返りながら、マスを埋めていきます。まずSTART地点のマスに自分が最初に身につけたと思うスキルを書き入れましょう。そこから現在の年月を書き入れた最右上のマスに至る右斜め45度、青色のマスを自分自身のメインストリームと考え、ビジネスパーソンとしてその時々に習得してきた最も重要と思えるスキルを書き入れます。

❹メインストリームである計4つのマスが埋まったら、他のマスを埋めていきましょう。STARTに近いほど過去に習得したスキル、現在の年月を記載した最右上のマスに近いほど最近取得したスキルを書いていきます。

図11 「リスキリング航海図」(例)

PAST SKILL

好きでストレスなく取り組めるもの

BQ (身体知能)	NLP (神経言語プログラミング)	メンタリング	2023年6月現在
スポーツ科学	コーチング	営業スキル	ランチェスター戦略(弱者)
健康管理 (バルクアップ法)	コミュニケーション	社会起業	マーケティング戦術
サービス精神ホスピタリティ	ファイナンス・財務	ロジカルシンキング	ランチェスター戦略(強者)

START

努力や挑戦をしないと得られないもの

FUTURE SKILL

好きでストレスなく取り組めるもの

ヤマト言葉 (漢字以前の日本語)	ヘブライ語	地政学	2028年6月
ヨット指導	神社 火山 地学	小説	
ヨット操船	芸術		
2023年6月現在	畑仕事	オーガニック	

START

努力や挑戦をしないと得られないもの

"未来のスキル"を描く

図11の「PAST SKILL」は、阿部の〝過去のスキル〟です。阿部のビジネスパーソンとしてのスキルのスタートは、大学時代にアルバイトをしていた〝ねずみ〟で有名なテーマパークで教わったサービス精神やホスピタリティでした。メインストリームとしてはその後、コミュニケーションスキル、営業スキルを身につけ、同時に縦軸ではスポーツ科学や前述のBQ（身体知能）といったボディ分野でのスキル、コーチングやNLP（神経言語プログラミング）など人材育成分野でのスキルを磨き、一方の横軸では財務やロジカルシンキング、マーケティング戦術などを学び、現在に至っています。

このように、自身がこれまで習得してきた〝過去のスキル〟の棚卸しをしてみてください。自分がどういったことに力点を置いてスキルを磨いてきたかが明らかになるとともに、現在保有しているスキルが可視化されることでビジネスパーソンとしての自信にもつながることでしょう。

5年後を一つの目安に〝未来のスキル〟を考える

自分の〝過去のスキル〟の棚卸しが完了し、今現在持っているスキルを把握したら、同じく「リスキリング航海図」を用いながらこれから身につけるスキル、すなわち〝未来のスキル〟について考えていきます。その例が図11の「FUTURE SKILL」です。

「FUTURE SKILL」のつくり方は基本的に「PAST SKILL」と一緒ですので、異なる点だけ以下に解説します。

❶「FUTURE SKILL」ではSTART地点が今現在になるため、最左下のマスには「2023年6月現在」など今現在の年月を書き入れます。

❷最右上のマスには5年後、今現在が「2023年6月」ならば「2028年6月」と記載します。

❸5年後を一つの目安とし、その間に身につけたいスキルを書き出していきましょう。

図11の「FUTURE SKILL」も阿部の場合です。

前述したように、現在の阿部は日本の歴史や文化に関心を持ち、かつ共生や順応を求めるD領域を大切に感じています。だからこそ、縄文文化を壊滅させるなど日本史に多大な影響を与えた火山活動（7300年前に起きた南九州の鬼界アカホヤ大噴火など）、日本文化の根源ともいわれる神社や古神道、日本語と多くの共通点があるといわれるヘブライ語などについて深く学びたいと思っており、そうしたスキルを身につけることで人としても組織開発のプロとしても幅が広がると考えています。

そして、メインストリームでは芸術や小説などクリエイティブな分野のスキルの習得を図ります。これまで阿部は企業研修や組織開発の場やビジネス書籍などを通じて自分の考えや思いをお伝えしてきましたが、芸術や小説などに関する知識やスキルを習得することで自己表現や発信力の幅と深度を増していきたいと考えています。

この「リスキリング航海図」は企業研修の場でビジネスパーソンのみなさんに作成していただいていますが、「これまで自分が習得してきたスキルが整理できた」「自分がこれから強化したいスキルの方向性がわかった」といった感想が多く聞かれます。自分自身の〝過去のスキル〟を振り返ると同時に、〝未来のスキル〟を思い描く際のツールの一つとしてぜひ活用してみてください。

日本人が失った能力や知恵を取り戻す

その昔、私たち日本人は海洋民族だった

〝未来のスキル〟を考えるヒントは〝過去のスキル〟にあると述べましたが、そのヒントは自分自身の過去だけでなく、日本人という民族の過去の中にもあると考えています。

例えば、今から1万6000年前に始まったとされる縄文時代における狩猟採集や農耕、手工業といった生きていくためのスキル、石器や土器などのものづくりのスキル、奈良時代や平安時代の和歌や神楽といった神様や祖先を大事にして生活や精神性を豊かにするスキル……、私たち日本人はその時代時代で求められるさまざまなスキルを身につけてきた（リスキリングしてきた）といえるでしょう。それらの中には現代まで受け継がれているものもありますが、世の中の変化とともに不要となり忘れ去られたものも多々あります。

さらに、古来、私たち日本人が当たり前のように有していたにもかかわらず、現在はその事実さえ知られていないスキルもあります。

そうしたスキルを何らかの方法で発掘し、現代版にブラッシュアップすることを考えてみるのもよいのではないでしょうか。なぜなら、それは言ってみれば私たち日本人がもともと持っていた、しかし時代とともに失ってしまった能力や感覚、知恵、誇りといったものを取り戻す試みでもあると考えるからです。もっと言えば、私たちのＤＮＡに深く刻まれたスキルを思い出し、〝再覚醒〟させることと定義してもよいと思うのです。

そんなスキルの一つとして、阿部が着目しているのがヨットの操船、いわゆるセーリングスキルです。そう聞くと、「なぜセーリングが農耕民族である日本人の忘れ去ったスキルなのか」と思う方もいるかもしれません。しかし、実は縄文時代の人びとは小さな丸木舟を自在に操って日本の海周辺を行き来し、さまざまな地域の集落と交流していました。また、当時から帆によって航海していた状況証拠もあり、日本はセーリング文化においても長い歴史があることがわかっています。すなわち、私たち日本人は古来、大海原を航海する海洋民族として生きてきたわけです。そして、そのスキルが途絶え始めたのは今からたった１５０年ほど前、１８００年代中盤、江戸時代後期の蒸気船の発明と日本への導入のころであったと考えられています（諸説ありますが）。

私たち日本人は海洋民族であった（農耕民族よりも前のはるか昔から）――その文化や誇り、そして風や潮流、太陽、月、星座を頼りに海を縦横無尽に渡っていたスキルを現代に生きる私たちは忘れているのではないか。そうした問いを持って日本のセーリング文化を次世代に伝える活動をしているのが、日本代表チームのメンバーとしてアメリカズカップに挑戦した経験も持つプロセーラー西村一広氏です。

前掲の「リスキリング航海図」にもある通り、著者らは現在、リスキリングの一つとして、西村氏の指導を受けながらセーリングを学んでいるところです。簡単に習得できるものではありませんが、まずはヨットの操船技術を身につけ、ゆくゆくはヨットの操船についてプロとして指導できるようになりたいと考えています。

セーリングは人材育成・組織開発の研修に適している？

さて、セーリングはリスキリングや研修のテーマになりうるのか、セーリングは趣味の領域ではないか……と感じる方もいるのではないでしょうか？　確かにそう感じる方がいて当然です。ヨットやセーリングといった操船技術がビジネススキルに関係するとは、通常では考えづらいでしょう。そこで著者らの場合、どのようにしてセーリングというスキルに可能性を感じリスキリングに至ったかについてご紹介したいと思います。

海図や羅針盤などの器具がない太古の昔から、私たちの祖先が風だけを動力源にして洋上を移動することができたのは、今では多くの人が忘れ去っている高度な航海スキルを有していたからに他なりません。水鳥が飛ぶ方向や波の紋様から風の向きや強さを読む力、星や太陽、月などの天体の状態から方角を見極める力、海の色の違いから潮流を読む力など五感を最大限生かしてスキルを発揮することで、先人たちは日本列島近海から日本海、太平洋を縦横無尽に行き来していました。

そういったスキル、例えば「風が見える」というスキルは今現在、我々に備わっているでしょうか？　確かに美味しい海の幸を我々の食卓に届けてくれる現役の漁師さんたちやマリン業界のプロフェッショナルなど一部の限られた方たちは保有しているでしょう。しかしながら海洋民族の末裔であるにもかかわらず多くの日本人にとっては失ってしまったスキルであり、さらにいえば失ったことにさえ気づいていないスキルだといえます。

著者らも当然その状態にあり、洋上で「風が見える」わけもなく、そもそも「風など見えるわけがない」という固定観念がありました。しかしながら、セーリングの指導を何回も受けている過程で、ある日突然、洋上で「風が見える」ようになったのですね。これは驚愕な事態でした。忘れていたものを思い出すかのように、スキルが〝再覚醒〟したわけです。どういう理由でそうなったかは正直わかりません。しかしながら、一つ言えることは「見えるわけがない」という固定観念がなくなり始めた際に〝再覚醒〟したのだろうな、ということです。これがリスキリングや研修のテーマとしてのセーリングに可能性を感じている一つ目の理由です。

セーリングが人材育成・組織開発に有効であると考える二つ目の理由は、セーリング経験者が日本の人口1億2800万人に対してまだまだ圧倒的に少なく、ほぼ未体験者ばかりの状態という点があります。皆が未経験者だからこそ、洋上においては職場での上下関係が速やかに消えやすく、ランクシフトを容易に起こしやすいこと、またセーリングは簡単には習得しづらいスキルであり、加えて落水したら死ぬ可能性があるなど身の危険がつきまとうパニックゾーン体験であるために、参加者が常に集中力の高い状態で臨める環境を創り出すことができるのです。そのため、同じテーマや内容の研修であっても、〝会議室〟という陸上で行うのに比べ、セーリングを活用した場合は人を意識変容させたり、行動変容させたりする度合いがとても大きいと感じています。

なお、現在西村氏と共同で開発を進めているセーリングを活用したビジネス研修プログラムに関しては、巻末の西村氏と著者らの鼎談「リスキリング分野でセーリングの未来を拓く」で詳しく述べていますのでそちらをご覧ください。

ビジネスパーソンを強くする「4つのスキル」

好きで、かつキャッシュにつながるスキルを選ぶ

ここまで「リウィル航海図」「リスキリング航海図」などを用いながら、自分自身のリスキリングの方向性や分野、すなわち自分の〝未来のスキル〟の見定め方について解説してきました。

習得したいスキルが見えてきたかも、という方が少しでもいたらうれしい限りです。しかし、中にはまだ方向性が定まらない、何を学ぶべきかが見えてこないという方もいらっしゃるかもしれません。

そこで、習得すべきスキルがなかなか定まらないという方への参考として、リスキリングの方向性の一つをお示ししたいと思います。それはずばり以下の4つです。これらは、言ってみれば著者らが多くの企業研修や組織開発の経験をもとに提案する現代ビジネスパーソンを強くする「4つのリスキリングの方向性」です。その「4つのリスキリングの

方向性」とは「❶ファイナンス・財務」「❷チームビルディング」「❸論理的思考・創造的思考」、そして政府が推進する「❹DX関連」です（図12）。

❶ファイナンス・財務は、財務諸表などのデータをもとに自社の状況を把握したり、公開されている企業データをもとに財務分析をして企業価値をはかったりなど、事業活動の全体像を把握するために不可欠なスキルです。このスキルを習得することにより、自社の事業活動を定量的に把握することができるようになり、経営陣の考えや今後の事業展開なども見通せるようになります。そうなれば、経営陣とのコミュニケーションもよりスムーズになり、的確な企画

図12 ビジネスパーソンを強くする「4つのスキル」

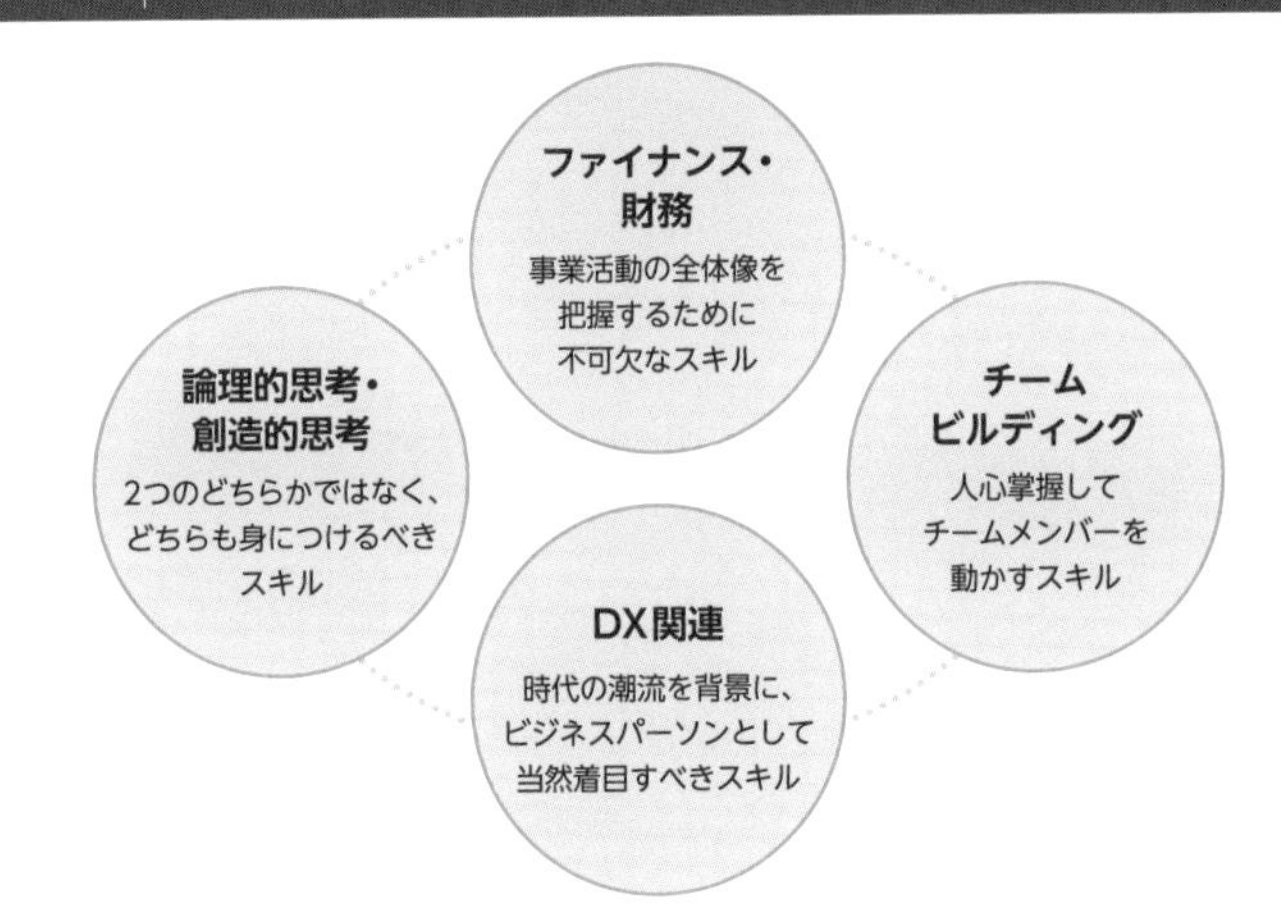

や事業の立案も可能になるでしょう。

❷チームビルディング（チーミング）は、〝人心掌握力〟ともいえましょう。ご存じのように、チームビルディングとはメンバー一人ひとりの知識やスキルを生かし、目標やプロジェクトの成功に向けて最大限の効果を発揮できるチームをつくるための取り組みです。先行きが不透明で不確実なＶＵＣＡ時代においては、正解の企業戦略などはありません。だからこそ一人ひとりの個性を生かし、多様性によって成果や道筋を創出するチームビルディングが重要となり、そのスキル獲得への期待は今後ますます強くなると考えられます。

❸言うまでもありませんが、論理的思考（ロジカルシンキング）とは、左脳を使って客観的事実に基づいて合理的に考えることであり、ビジネスにおける問題解決や生産性向上のあらゆる場面において必須のスキルといえます。一方、創造的思考（クリエイティブシンキング）は、右脳を使って人間の直感や創造力を発揮する思考法であり、イノベーションや新規事業の立ち上げなど新しい考えや発想を生み出すために欠かせないスキルです。前述のように、先行きが不透明で不確実な時代にあっては、論理的思考だけでは解けない

問題が山積しています。そのため、すべてのビジネスパーソンは論理的思考も創造的思考も両方同時に身につける必要があるのです。

❹最後はＤＸ関連です。「はじめに」でも述べた通り、著者らはリスキリングをＤＸ人材育成のためだけのものという狭義の意味に捉えたらもったいないと考えていますが、とはいえリスキリングの方向性の一つとしては当然着目すべきスキルといえます。デジタルリテラシーの向上、プログラミングやＡＩ活用のための知識、動画制作のノウハウの習得などさまざまな領域がありますが、自部署において業務効率を高めるＤＸスキル、自分自身の興味・関心が向くＤＸスキルは何かを見つけてみてはいかがでしょうか。

大切なことなので繰り返し述べますが、リスキリングは最強の〝ライフスキル〟と無敵の〝ライススキル〟を手に入れるために行うものです。

そのため、リスキリングの方向性を考える際は、自分自身が学びたいと思うかどうかに加え、今後食べていけるだけの収入につながるか否かという観点も重要です。すなわち、好きで、かつキャッシュにつながる――そうした基準で学ぶべきスキルを選択していただくことをお勧めします。

学び直しこそが、人類の歴史を形づくってきた

リスキリングを始める準備として、もう一つ心にとめておいていただきたいことがあります。本書を手にとってくださった方の中には、新しいスキルを習得することの必要性は感じつつも、「リスキリング」と聞くと欧米発の新しい概念、かつ単なる受け売りのようで馴染めない、前向きな気持ちになれないという方もいらっしゃるかと思います。

しかし考えてみれば、私たち人類の歴史はまさにリスキリング、学び直しの歴史であったといえるのではないでしょうか。近代に限ってみても18世紀後半から19世紀前半に英国で起きた産業革命をはじめ、石油や化学、鉱業、金属といった重厚長大産業の発展と衰退、デジタルや半導体などの軽薄短小産業の成長など、産業構造や社会のニーズが変化するたびに学ぶべき対象が変わり、それに合わせ私たち人類も学び直しを繰り返しながら新たな時代を切り拓いてきたのです。もちろん産業だけではなく、私たち人類は多くの文化や学問、宗教などを生み出してきましたが、それらもすべて学び直しがあればこそ誕生したといえるでしょう。それは日本の歴史や文化においても同様です。

その一例として、漢字の伝来があげられます。弥生時代に中国から漢字が伝わるまで日本には文字がなかったと以前は考えられてきましたが、現在では古代から高度な文化・文

明水準を誇った日本は「ホツマ文字」や「カタカムナ文字」という独自の文字（ヤマト言葉）がすでに太古から地域ごとの特徴を持って存在したという説が唱えられています。そうした状況の中、大陸との対話や日本国内（当時はヤマト）の文字の共通言語化が国の平和を守るために重要という観点から、漢字という大陸のツールを日本国内でも活用することを決めたわけです。このことは、まさに現代の英語と同じです。そして、漢字という大陸のツールを活用するとき、私たちの祖先はリスキリング、学び直しをすることで、平仮名、カタカナ、漢字という世界的にも珍しい日本独自の言語体系を生み出したのです。これはなにも漢字に限ったことではありません。仏教やキリスト教など新たな文化についても日本人は学び直しを行い、それらを日本の文化に融合・順応・変換させることでこの国の豊かさをつくりあげてきたのです。このように考えると、リスキリングは欧米発の新たな概念などではなく、人類が、そして私たち日本人が歴史の中で繰り返し行ってきた営みだといえます。

そして今取り組もうとしている学び直しもその歴史の一つであると捉えたなら、リスキリングも馴染みのあるものの一つに感じられるのではないでしょうか。

自分自身の〝未来のスキル〟を見定めるとともに、リスキリングに対して馴染みを感じていただけたら、準備は万全です。第3章はいよいよ効率的なリスキリングの方法、すなわちどのように学びを進めたらよいかについて詳しく解説していきます。

第2章のまとめ

本章では、リスキリングの方向性、すなわち習得すべきスキルの選択方法について、さまざまな観点から紹介した。

● リスキリングの方向性を決める指標

〈"扇形"にキャリアの幅を広げる〉

今現在および未来の自分や自社の姿と緩く、あるいは強く結びついたスキルを徐々に増やしていくことで、"扇形"にキャリアの幅が広がる。

〈「リウィル航海図」で自らの心の変遷を知る〉

自分はこれまでどのような思いや心意気で生きてきたか、今後生きていくかを可視化する。

〈「リスキリング航海図」をつくる〉

自分が身につけてきた"過去のスキル"を棚卸しする。そのうえで、これから身につけるスキル、すなわち"未来のスキル"について考える。

● ビジネスパーソンを強くする「4つのスキル」

〈ファイナンス・財務〉

自社の事業活動を多面的に見ることができるとともに、経営陣の考えや今後の事業展開、仮に独立した際のビジネスなども見通せるようになる。

〈チームビルディング(チーミング)〉

先行きが不透明で不確実なVUCA時代においては、正解の企業戦略はない。だからこそ一人ひとりの個性を生かし、多様性によって成果や道筋を創出するチームビルディングが重要となる。いわゆる"人心掌握力"である。

〈論理的思考・創造的思考〉

先行きが不透明で不確実な時代にあっては、論理的思考だけでは解けない問題が山積している。そのため、すべてのビジネスパーソンは論理的思考か創造的思考かのどちらかではなく、論理的思考も創造的思考もともに身につける必要がある。

〈DX関連〉

リスキリングの方向性の一つとしては当然着目すべきスキル。デジタルリテラシーの向上、プログラムやAI活用のための知識、動画制作のノウハウの習得などさまざまな領域がある。自社や部署、チームに必要であると同時に、自分自身の興味・関心が向くDXスキルは何かを考えてみていただきたい。

第3章

鍵は〝学び方〟にあり！

Chapter 3

勝てる人材になるための〝リスキリング戦略〟とは？

ある分野で百点満点をとることを目指すべきか

前述のように、リスキリングとは最強の〝ライフスキル〟と無敵の〝ライススキル〟を手に入れるための取り組みです。それは、何歳になっても企業や社会から必要とされる人材、すなわち勝てるビジネスパーソンになるための取り組みともいえるでしょう。

そうした人材に可能な限り早く、かつ確実に近づくためには、スキルを習得するうえでの〝スキル獲得の戦略〟、いわば〝リスキリング戦略〟が最も重要だと著者らは考えています。つまり、〝リスキリング戦略〟が誤っていたら、懸命にリスキリングに取り組んだとしても、勝てるビジネスパーソンにはなかなかなれないということです。

では、勝てるビジネスパーソンになるための〝リスキリング戦略〟とはどのようなものでしょう。私たちが推奨するのは以下の通りです。

あえて百点満点を狙わず、60点レベルのスキルをたくさん積み上げる——。

こんなふうに言うと、「せっかくリスキリングをするのだから、その分野を極めるべきではないか」「なぜはじめから60点でよしとするのか」などと懸念を持つ方もいらっしゃるかと思います。もちろん、ある分野で百点満点を目指すというのもすばらしいと思いますし、その強い熱意は学び直しの過程において大きな原動力となるでしょう。

しかし、ちょっと立ち止まって考えていただきたいと思います。

前述の通り、リスキリングは勝てるビジネスパーソンになるための取り組みです。

それにはビジネスパーソンとしての総合力、つまりスキルをトータルで強化・向上させていくことがなにより重要となります。

だからこそ、あえて百点満点を狙わず、〝60点のスキルを「たくさん積み上げる」リスキリング戦略〟が効いてくると著者らは考えています。

スキルのトータル500点以上で誰にも負けない人材へ

なぜ〝60点のスキルをたくさん積み上げるリスキリング戦略〟が有効なのか――。その理由について、阿部を例にとって説明したいと思います。

阿部はメガバンク退職後、教育ベンチャー勤務を機に人材・教育業界に入り、マネジメント人材育成・組織開発トレーナー歴は25年以上となります。そんな阿部がトレーナーとしてはじめて身につけたスキル、つまり阿部が最初にビジネスパーソンに対して行った研修プログラムの内容は「論理的思考（ロジカルシンキング）」でした。

トレーナーとして論理的思考の研修を行う場合、自分自身がそのコンテンツ（ここでは論理的思考）の本質や実践的な使い方を理解しているのはもちろん、どうしたら受講生にとってそのコンテンツが効率的に身につくか、いかにしたらビジネスの現場で受講生が自らの行動変容につなげることができるかなど、さまざまな面からプログラムを組み立てて、かつ伝え方を磨き上げる必要があります。

当然、講師やトレーナーという〝生き物〟はその分野のプロフェッショナルとして自分が持てるすべての力を傾注してプログラムをつくり上げますので、受講生や企業経営者、人事の方々から高い評価をいただく講師やトレーナーは多いはずです。

では、論理的思考という研修プログラムのトレーナーとして著者の阿部は100点の評価がとれるでしょうか。

残念ながら(本人が言うのもナンですが)、そんなことはほぼありえません。当時も今も論理的思考を専門とするトレーナーは世の中に数多いますが、仮にその一人をA氏としましょう。論理的思考の分野でA氏が100点だとしたら、阿部はせいぜい60点ほどでしょうか。阿部も精一杯研修プログラムを目の前にいる受講生にフィットさせるために日々ブラッシュアップしていますが、論理的思考という分野では専門家であるA氏には死ぬまでかなわないというのが率直なところです(泣)。

しかし、それはそれでよいと思っています。なぜなら、ビジネスのスキルは足し算が効く世界だからです。

例えば、阿部は論理的思考の習得と同時並行で、金融機関勤務の経験と知識を生かしてファイナンス・財務のスキルを身につけ、さらにコミュニケーション、営業、コーチング、マーケティング、NLP(神経言語プログラミング)、メンタリングなど、自分のビジネスに関連する計30分野ほどのスキルをそれぞれ60点レベルで積み上げてきました。

ここでもう一度、前述のA氏と阿部のスキル比較をしてみたいと思います。

論理的思考という分野ではA氏が100点、阿部は60点ですから、論理的思考では阿部はA氏にまったく歯が立ちません。しかし、スキルのトータル、足し算で考えたらどうでしょう。A氏は論理的思考という一分野を専門として百点満点の対外評価を受けているのに対し、阿部は60点レベルの論理的思考やファイナンス・財務、コミュニケーション、営業、コーチング、マーケティング、NLP（神経言語プログラミング）、メンタリングと8つの分野のトレーニングを混在して提供できる。すなわち、阿部が持っているスキルのトータルは60点×8分野＝480点、A氏は100点。その差は380点になるわ

図13　勝てるビジネスパーソンになるための“リスキリング戦略”

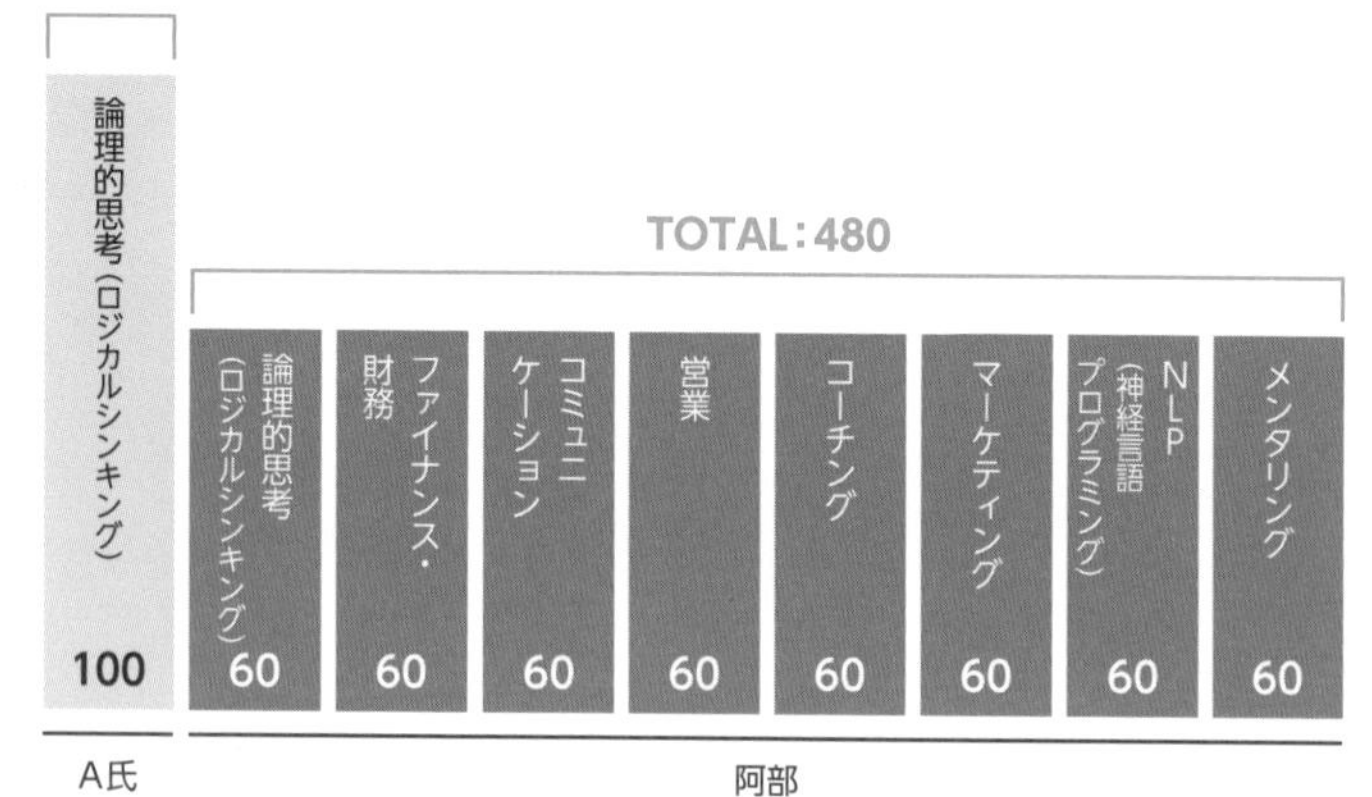

けです（図13）。

リスキリングの勝負においては、一点豪華スキルを持つビジネスパーソンよりも、トータルでスキルの高いビジネスパーソンのほうが期待される度合いが高いと思われます。著者らの例で言えば、企業の経営陣や人事部の方々が求める研修のプログラムは、論理的思考、営業スキル、マーケティング、コーチングなど、対象とする社員の部署や年齢、役職によって多岐にわたります。そして、幅広い分野の研修・セミナーを高いレベルで実施できるトレーナーを常に探されています。つまり、論理的思考という一分野で１００点を出せるトレーナーよりも、幅広い分野において相応に高いパフォーマンスを総合的に発揮できるトレーナーを求めているケースが多いということです。

もちろん一つのスキルを突き詰めることも大切です。しかし、社会が急速に変化する現代においては、ビジネスパーソンに求められるスキルも刻一刻と変化していくと考えられます。そして、時間をかけて一つのスキルを突き詰めている間に、スキルが陳腐化してしまう可能性があり、その陳腐化のスピードは今後さらに早くなっていくと思われます。だからこそ、これまで述べた〝スキルの足し算〟という考え方が効いてくるのです。

あえて百点満点を狙わず、60点レベルのスキルをたくさん高速に積み上げる。そして、目安としてまずはスキルの合計300点以上を達成し、ゆくゆくは500点以上に引き上げる――。

この〝リスキリング戦略〟によりトータル500点以上のスキルを身につけることができたなら、どんな年齢になっても勝負で負けづらいビジネスパーソンになれるはずです。

百日の稽古をもって鍛となし、千日の稽古をもって錬となす

リスキリングで重要なのは「スピード感」である

あえて百点満点を狙わず、60点レベルのスキルを積み上げる、すなわち自分の得意技をたくさんつくると考えたとき、さて一つのスキルを習得するのにどれぐらいの期間をかけるべきなのでしょうか？

千日(せんじつ)の稽古をもって鍛(たん)となし、万日(まんじつ)の稽古をもって錬(れん)となす

ご存じの方も多いと思いますが、二天一流剣術の流祖である宮本武蔵が残した言葉です。1年は365日ですから「千日」はおおよそ3年、「万日」はその10倍の30年ということ。稽古に稽古の3年を費やしてようやく鍛え上がり、さらに30年の稽古を積み重ねて初めて練り上がるという意味です。生涯に60回以上の命がけの真剣勝負をして一度も敗れなかっ

た宮本武蔵にして初めて言えた言葉でしょう。

社会の変化のスピードの違いや情報量の多寡などを考慮しつつ、この宮本武蔵の言葉を現代のリスキリングに応用し、著者らはこう提言したいと思います。

百日の稽古をもって鍛となし、千日の稽古をもって錬となす

百日はざっと3ヵ月、千日は前述の通りおよそ3年。すなわち、著者らは3ヵ月で一つのスキル習得を目指す心意気で取り組むことをお勧めします。3ヵ月で一つ、1年で4つ、2年で8つ、3年で12の新たなスキルを獲得するということです。

図14　3ヵ月で一つのスキル習得を目指す

TOTAL 60
TOTAL 120
TOTAL 180
TOTAL 240
TOTAL 300
TOTAL 360
TOTAL 420
TOTAL 480
TOTAL 540
TOTAL 600
START
1年目
2年目
3年目

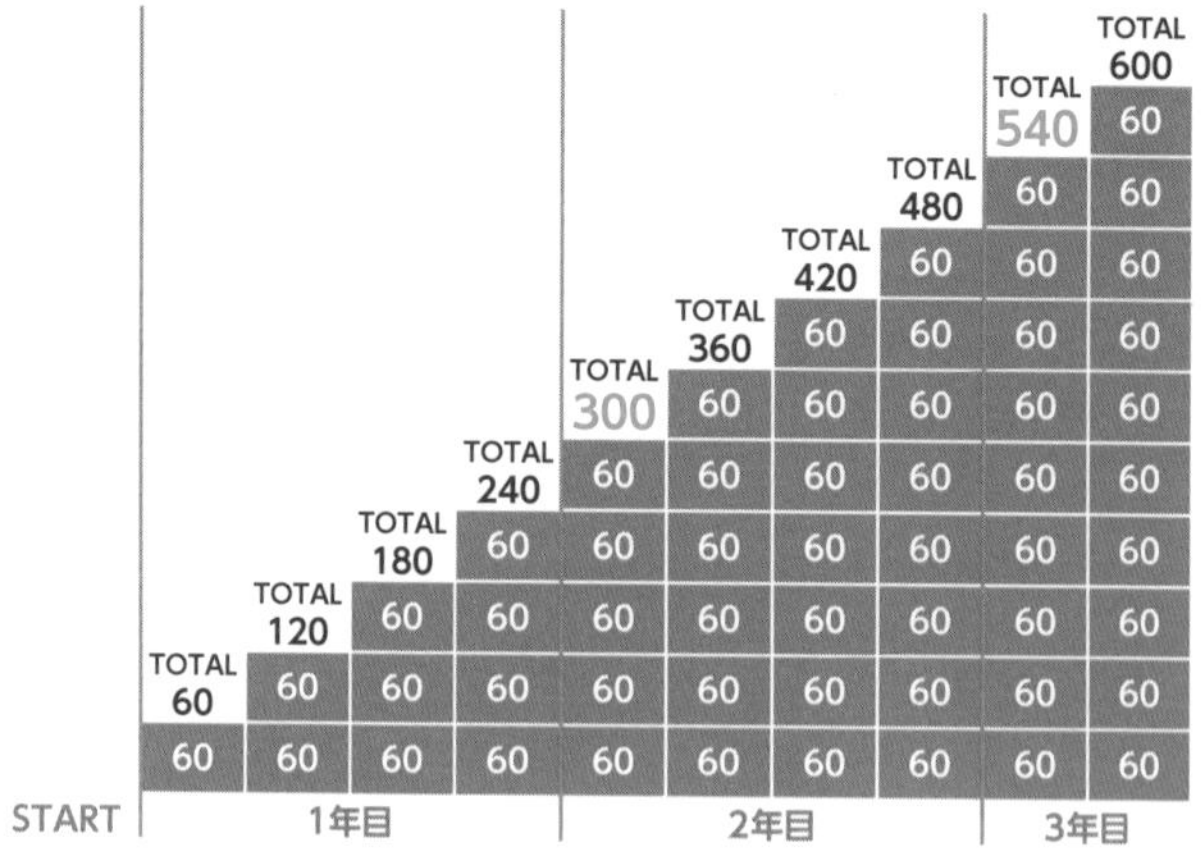

もちろん、比較的簡単に習得できるスキルもあれば、難度が高いものもあるので、何でも一律に3ヵ月で習得すべきと言うつもりはありません。そのぐらいのスピード感を持つことを目安にするとよいでしょう。

そうすれば、難度の高いスキルを含めても最初の目標であるスキルの合計300点は約2年、勝てるビジネスパーソンになるためのトータル500点以上は約3年でクリアできる、まさに「千日の稽古をもって鍊となす」ということです（図14）。

「ランチェスター戦略」をリスキリングに応用する

では、スピード感を持ってリスキリングを進めるためには、毎日どれぐらいの時間を学びにあてればよいのか。そのヒントを世界的に知られる「ランチェスター戦略」を使って考えてみましょう。

ご存じの方も多いと思いますが、「ランチェスター戦略」の基となっているのは、第一次世界大戦時に英国の自動車工学・航空工学のエンジニアであるフレデリック・W・ランチェスター氏が提唱した戦闘の法則「ランチェスターの法則」です。

ランチェスターの法則は「第一法則」と「第二法則」があり、前者は剣などを使用する古典的な戦闘、後者は銃火器を利用した近代戦の法則で、以下の式で表されます。

第一法則（古典的な戦闘）　**武器効率**（質）**×兵力数**（量）**＝戦闘力**

第二法則（近代戦）　**武器効率**（質）**×兵力数^2**（量）**＝戦闘力**

武器効率（質）が同等だと仮定して、両軍が衝突する1対1の古典的な戦闘の場合、A軍20人対B軍10人で戦うと、A軍が10人残り、B軍は全滅する計算になります。

一方、同じく武器効率（質）が同等だと仮定して、第二法則、両軍が銃火器で狙い撃つ近代戦の場合、A軍20人対B軍10人で戦うと、1回目の同時射撃でA軍は20発の弾丸を撃ち、B軍は10発の弾丸を発射します。

逆に考えれば、20人のA軍には10発の弾が飛んでくるのに対し、10人のB軍には20発の弾丸が降り注ぐわけです。言うまでもありませんが、そのときのA軍・B軍の兵士に弾丸が命中する確率は次の通りです。

20人に10発の弾丸が飛んでくる場合……命中確率は2分の1

10人に20発の弾丸が飛んでくる場合……命中確率は2倍

すなわち、両軍が銃火器で狙い撃つ近代戦の場合、2倍の兵力があるときは4倍の戦闘力の差になり、3倍の兵力があるときは9倍の戦闘力の差になるということです。

これら二つの法則が示唆するのは、兵力が少ない側は「一騎打ち」に持ち込むべきであり、兵力が多い側は「確率戦」に持ち込むと一気に有利になるということです。そのため、第一法則は「弱者の戦略」、第二法則は「強者の戦略」とも呼ばれています。この戦場における「弱者」と「強者」を「中小企業」と「大手企業」に置き換え、企業の経営戦略として体系化したのが「ランチェスター戦略」であり、多くの企業がこの戦略を取り入れているといわれています。

そして、スピード感を持ってリスキリングを進めるために日々あてるべき時間を考える際のヒントとなるのは、第二法則、「強者の戦略」です。

まず目指すべきは「必勝の3200時間」である

前述の通り、「強者の戦略」は以下の式で表します。

武器効率（質）×兵力数^2（量）＝戦闘力

これをビジネスパーソンが有するスキルに置き換えると以下のようになります。

学び方（質）×時間^2（量）＝スキル

つまり、学び方（質）が同等の場合、人の2倍のスキルを身につけようと思ったら、$\sqrt{2}$倍、すなわち人の1・4倍学べばよいということです。同様に、3倍のスキルを習得するには$\sqrt{3}$倍（1・7倍）、4倍ならば$\sqrt{4}$倍（2・0倍）、5倍ならば$\sqrt{5}$倍（2・2倍）、6倍ならば$\sqrt{6}$（2・4倍）となります。

では、実際に何時間ぐらいが学習時間の目安になるのでしょう。

週休2日制だと1年間の労働日は245日ぐらいで、ここから有給休暇などを引くと考えると、ビジネスパーソンの実労働日数は235日ほどでしょうか。これに1日8時間の労働時間をかけると年間の労働時間が出ます。

1日8時間×235日＝1880時間

この1880時間に、$\sqrt{2}$（1・4）、$\sqrt{3}$（1・7）、$\sqrt{4}$（2・0）、$\sqrt{5}$（2・2）、$\sqrt{6}$（2・4）をかければ、年間で学びにあてるべき時間が見えてくるということです。

1880時間×$\sqrt{2}$（1・4）≒2650時間
1880時間×$\sqrt{3}$（1・7）≒3200時間（必勝型）
1880時間×$\sqrt{4}$（2・0）≒3700時間（圧勝型）
1880時間×$\sqrt{5}$（2・2）≒4140時間（決死型）
1880時間×$\sqrt{6}$（2・4）≒4530時間（超人型）

ちなみに、右記のように「ランチェスター戦略」の言葉を引用すれば、「必勝の3200時間」「圧勝の3700時間」「決死の4140時間」「超人の4530時間」といわれています。これは、3200時間を投入すればたいてい勝つことができ、3700時間をかければ圧勝し、4140時間がんばれば人より才能や実力が劣る人でも必ず成功するというものです。

そして、休日を週1日にして年間約300日を仕事や学びにあてるとすると1日あたりの時間は以下のようになります。

2650時間÷300日≒9時間
3200時間÷300日≒10時間（必勝型）
3700時間÷300日≒12時間（圧勝型）
4140時間÷300日≒14時間（決死型）
4530時間÷300日≒15時間（超人型）

もちろん、著者たちも含め、ビジネスパーソンは新たなスキルの習得、すなわちリスキリングのみに集中するわけにはきません。通常業務と並行して学びを進めていく必要があり、また通常業務の中にも当然新たな発見や学びがあります。そのため、著者らはリスキリングを次のように定義したいと思います。

通常業務＋学び＝リスキリングの時間

自社の労働時間が1日8時間としたら、「通常業務8時間＋学びの2時間＝リスキリング10時間」でたいてい勝つことができ、「通常業務8時間＋学び4時間＝リスキリング12時間」で圧勝できるということです（図15）。

通常業務をしながら、まとまった学びの時間をとるのは難しいかもしれません。しかし、例えば早朝の1時間、電車通勤の1時間、勤務後の1時間、就寝前の2時間など、これまで無為にYouTubeやSNS、テレビなどを見て過ごしていた時間なども改善すれば、1日2時間あるいは4時間学ぶのはそれほど困難なことではないはずです。

百日（3ヵ月）の稽古をもって鍛となし、千

図15 リスキリングにあてるべき時間と成果

ビジネスパーソンにおけるリスキリングの時間の定義

通常業務＋学び＝リスキリングの時間

求めるスキル	リスキリングにあてるべき時間		成果
	年間	1日	
人の3倍	3,200時間	10時間	必勝
人の4倍	3,700時間	12時間	圧勝
人の5倍	4,140時間	14時間	決死
人の6倍	4,530時間	15時間	超人

参考：フレデリック・W・ランチェスター「ランチェスター戦略」

日（3年）の稽古をもって錬となす——。

これを実現し勝てるビジネスパーソンとなるために、まずは「必勝の3200時間」、つまり1日10時間（通常業務時間含む）のリスキリングを目指してください。そして、それが定着したら、ぜひ「圧勝の3700時間」にトライしていただきたいと思います。

仕事がすべてではない。しかしすべては仕事である

「仕事が暮らし。暮らしが仕事」という考え方

前項で、まずは「必勝の3200時間」を目指し、それが定着した暁にはぜひ「圧勝の3700時間」にトライしていただきたいと述べました。もちろん、さらに意欲のある方には「決死の4140時間」、1日14時間のリスキリングを目標にすることをお勧めしたいと思います。ちなみに、著者らも「必勝の3200時間」からスタートし、ここ10年ほどは「決死の4140時間」を目指して日々の暮らしを組み立てています。

1日14時間のリスキリングなんて気が重い、プライベートな時間がなくなってしまうと思うかもしれません。そんなときは、こんなふうに考えたらいかがでしょう。

決して仕事がすべてではない。しかしすべてが仕事である——と。

これは阿部の持論であり、生き方でもあります。
阿部はマネジメント人材育成・組織開発トレーナーを生業とし、またこの仕事を天職と感じていますが、阿部にとって仕事は決してすべてではなく、それ以外に大切なものや心から好きなものがたくさんあります。しかし一方で、研修やセミナーなどへの登壇、新たな研修プログラムの開発、会社経営や人材育成など経営者としての役目などのオフィシャルはもちろん、読書や旅、セーリング、人との交流などのプライベートもすべては仕事につながっている、言うなれば生きていること自体が仕事であると考えています。そして、そのすべてが学びであると思うのです。

そんな阿部は、大正から昭和にかけて活躍した陶工・河井寛次郎氏の言葉に深く共感します。その言葉とは以下のようなものです。

暮らしが仕事。仕事が暮らし——。

この言葉について、河井氏の孫であり、河井寛次郎記念館の学芸員でもある鷺珠江(さぎたまえ)氏は以下のように書いています。

この言葉通り、河井にとっての「仕事」は、暮らし――生き方そのものと切り離せないものでした。現代人の多くは仕事とプライベートが「9時から5時」というように明確に分かれた生活ですが、河井家における24時間というのは仕事も暮らしも混然一体となっていました。

仕事をしながら、多くの来客の訪問を受け、そこでは美を基準にした会話がなされ、人々との交流が図られました。同じ敷地の中に、住居部分と仕事場、窯場が一緒に存在していたこともそれを可能にしていた大きな要因といえますが、たとえば庭にはたくさんの陶器が並ぶ中、洗濯物がひらめくという日常の風景がありました。

そして河井は常々、美しい仕事、正しい仕事は、美しい暮らし、正しい暮らしから生まれてくる、という思いをもっていました。

――「河井寛次郎の言葉と生き方　暮しが仕事。仕事が暮し。」(Discover Japan)

仕事は暮らしであり、生き方そのものである。同じようにリスキリング、学びもまた暮らしであり、生き方そのものである――。

この機会に、そんなふうに仕事やリスキリングに対する考え方を少し転換してみてはいかがでしょうか。オフィシャルとプライベートを明確に分けるのではなく、ぜひ地続き・海続きで考えてみてください。

そうすれば、1日14時間のリスキリングなんて気が重い、プライベートの時間がなくなってしまうと思っていた方も、もっと前向きな気持ちで取り組むことができるのではないでしょうか。

「これは学びにつながる」という強い信念を持つ

では、具体的にどのような考えや視点を持って日々の暮らしを形づくっていけばよいのか。それは、すべての事柄に対して「これは学びにつながるのだ」という信念を持ち、全身全霊で考え行動することです。

前述のように、私たち人間にはプライミング効果と呼ばれる現象――「実現できそうにない」と思えばその通りになり、「必ず実現できる」と信じればいつか本当に実現できるという現象――がありますが、これはまさにプライミング効果の一例です。つまり、「これは学びにつながるのだ」という強い信念を持ちながら取り組めば、それがたとえどんな事柄であっても自分の学びになるということです。

例えば、「上司から言われたからやる」という心持ちではなく、「これをやることは〝こんな〟学びにつながる」という強い意思を持って業務にあたれば、その過程で必ず学びがあるでしょう。

また、そうした意思を持っていれば、自分の業務範囲のみならず、業務にプラスになると思われる周辺知識も貪欲に吸収しようとするでしょう。

それは仕事においてだけではありません。例えば、旅や読書をしているとき、人との交流を楽しんでいるとき、あるいはニュース番組やYouTubeを見ているときなど、一見趣味や遊びに見えることにおいても同様です。

「これをやることは〝こんな〟学びにつながる」という強い気持ちで臨めば、自身の学びにつながることが必ずあるものです。

そして、このことは20世紀を代表する芸術家であるパブロ・ピカソ氏が残した「できると思えばできる、できないと思えばできない。これは、ゆるぎない絶対的な法則である」という言葉にも通ずるものでしょう。

すなわち、「学びにつながると思えばつながる、学びにつながらないと思えばつながらない。これは、ゆるぎない絶対的な法則である」と著者らは確信しているのです。

早く確実に学ぶための“3つのメソッド”

「学び方（質）」がビジネスパーソンのスキルを決める

前述のように、「強者の法則」をビジネスパーソンが有するスキルに置き換えると、「学び方（質）×時間^2（量）＝スキル」という式で表すことができると述べました。ここまではその公式の後段の「時間（量）」について見てきましたが、第3章の最後となる本項ではビジネスパーソンのスキルを決めるもう一方の要素である公式の前段の「学び方（質）」について解説していきます。

新たなスキルを早く、かつ確実に習得するために、著者らがお勧めする学びのメソッドは以下の3つです（図16）。

メソッド❶　読書で圧倒的な情報のシャワーを浴びる。

メソッド❷　一流の人と少人数で話をし、教えを乞う。

メソッド❸　物理的に移動することで、視界（五感）を変える。

では、次項より早く確実に学ぶための〝3つのメソッド〟について詳しく述べていきましょう。

メソッド❶ 読書で圧倒的な情報のシャワーを浴びる

最も早く、かつ比較的低コストで学ぶ手法としては、読書で圧倒的な情報のシャワーを浴びる、すなわちとにかく本をたくさん読むことがあげられます。それも一つのテーマに絞って20冊ほど読んでみると、そのテーマの本質がある程度見えてくると思います。

例えば、著者の佐藤が「マーケティング」をテーマにした新しい研修プログラムを開発しようと考えたら、検索エンジンで上位に出てくるものを中心にマーケティングを論じた

図16 早く確実に学ぶための“3つのメソッド”

Re-Skilling

メソッド❶
読書で
圧倒的な情報の
シャワーを浴びる

メソッド❷
一流の人と
少人数で話をし、
教えを乞う

メソッド❸
物理的に
移動することで、
視界を変える

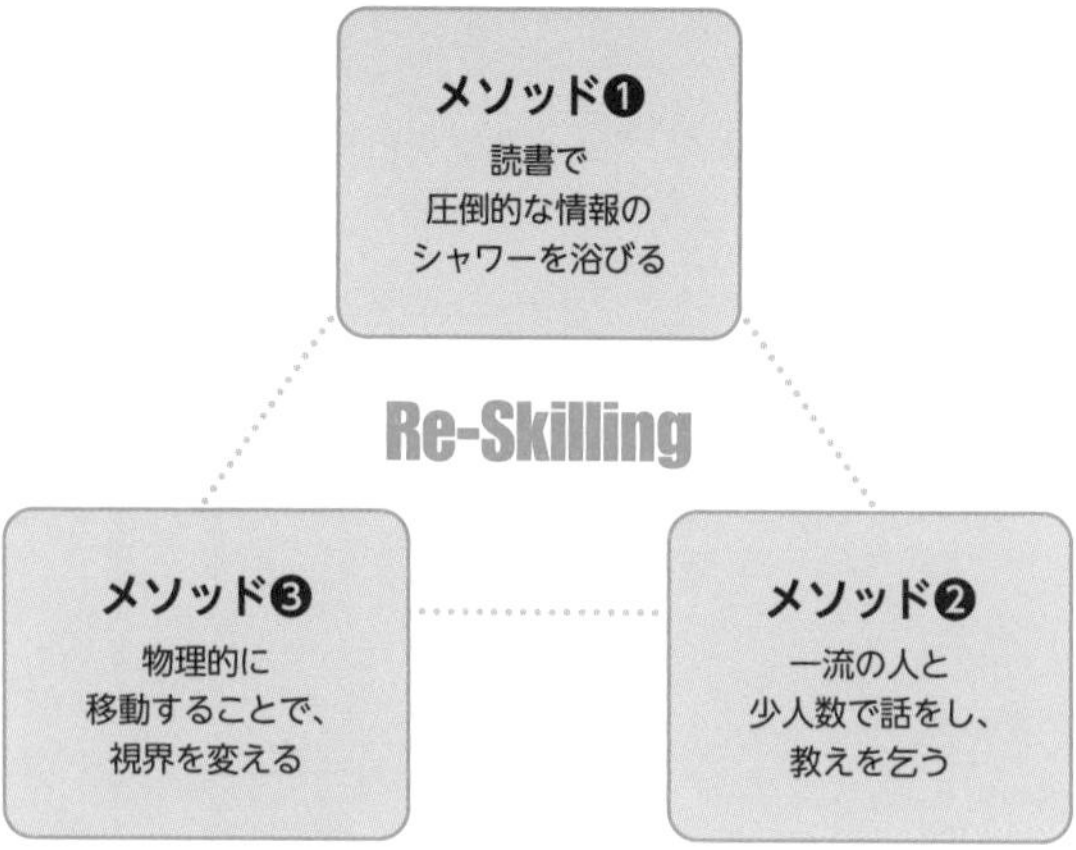

書籍を20冊ほど購入し片っ端から読みます。マーケティングというテーマに関する圧倒的な情報のシャワーを浴びるわけです。そうすると、マーケティングの起源から歴代のマーケティング理論、最新のマーケティング戦略まで、そのテーマの本質がある程度見えてきます。それがリスキリングの第一歩となるわけです。

みなさんの中には、読書が苦手だという方もいらっしゃるでしょう。ご安心ください！佐藤も読書は大の苦手でした。小学校のころから国語が大嫌いで、社会人10年目ぐらいまでは本を読んだ記憶がありません。そんな佐藤でも現在は1ヵ月30冊ほどの本をごく普通に読んでいます（ちなみに、阿部は１００冊ぐらい読んでいるようです）。

それは読書に対する考え方を変えたからです。読書といったら本を隅から隅まで熟読しなければいけないと思いがちで、それは読書に対するハードルを上げることになります。しかし、本を端から端まで全部読む必要などまったくないのです。著者らがお勧めするのは流し読みです。さらに言えば、本を手に取って開いたページに、自分の心に響く一段落、一文、一言があったなら、この読書はよかったと思えばよいのです。

恋愛や結婚と同じように、本との出会いもまたご縁です。本のどこかにきっと自分にとって神々しい光を放つ〝神様〟が宿っていて、それを見つけることができたらその本との出会いは価値のあるものだったと思うようにすること。そんなふうに考えたら、読書がぐっと気楽に、しかも楽しいものになるのではないでしょうか。

流し読みでかまいませんので、ぜひ1週間に1冊ほど、1年間で50冊程度の本を読んでみていただきたいと思います。そうやって圧倒的な情報のシャワーを浴び続けることで、さまざまなテーマについてその本質がかなりのハイスピードでわかってくるはずです。

メソッド❷　一流の人と少人数で話をし、教えを乞う

二つ目は、いろいろな人と会って話をすることです。とはいっても、気心の知れた同僚や友人との飲み会、ネットワークづくりのための大人数の会食などは、リスキリングに直結するような刺激や示唆が得られる可能性は実は少ないと思います。実際、佐藤も前職時代は人脈を広げようと大人数の会食などに頻繁に参加していましたが、楽しかったという自己満足以外は特段なにも残らなかったように思います。

リスキリングにつなげるポイントは、自分とは違う業種で初対面、しかも〝一流〟の人と少人数で会って話をすることです。「一流」とは著名人という意味ではありません。特殊ネジの分野で世界シェア1位の町工場の社長、東京・浅草でいちばんうまいと評判の焼

き鳥屋の店主、長野県の住宅販売会社のトップセールスマン、体操競技でかつて日本一に輝いた人、セーリング界の第一人者……。その分野ならば誰にも負けない、あるエリアならば抜きん出ている、ある業界で偉業を成し遂げた、ある技術に対して一家言ある、それが著者らの言う「一流」です。そうした一流の人と会って話をしたり教えを乞うたりすることは、自分自身に大きな刺激と示唆をもたらしてくれるでしょう。また、もしもあなたが年長のビジネスパーソンであれば、自分よりも若年、しかも圧倒的に年下の人と話をし教えを乞う行動も臆せずとることをお勧めします。一般的に私たちは自分よりも年上あるいは同年代の人から学ぼうとする傾向が強いですが、例えばＳＤＧｓ（持続可能な開発目標）などの課題解決を目指す社会起業家、ある分野で急成長を遂げているベンチャー企業の社長、再生回数１００万回を超えているユーチューバー、フォロワー数１万人超のインスタグラマーなど、ぜひ自分よりも若い人たちとも話をしてみてください。そうすることで、未知の分野の知見が深まったり、新しいスキルの方向が見えてきたりなど、多くのものを吸収できると思います。

加えて、リスキリングの方向性、つまり習得したいスキルが決まった際も、やはりその世界で一流と思える指導者のもとで学ぶことをお勧めします。指導者を選ぶ際、私たちはしばしば優しそうだとか、自分と相性がよさそうだとか、あるいは指導料が安価だといった理由で選びがちです。佐藤も幼いころからずっとそうでしたが、やっと最近になって一流の指導者のもとで学んだほうが習得が早いということに気づきました。以来、前述のセーリングを教えていただいている西村一広氏をはじめ、高い月謝を払ってでも将来に向けての収益還元率が高い自己投資をして、その分野で一流と思う方に教えを乞うようにしています。

メソッド❸ 物理的に移動することで、視界（五感）を変える

3つ目は、徒歩や自転車、自動車、電車、飛行機、船など手段は何でもよいのですが、物理的に体を移動させることです。「物理的に移動すること」は、「旅をすること」と言い換えてもよいでしょう。物理的に移動すること、すなわち旅をすることで視界、つまり見えているものも当然変わります。実は、この視界（五感）が変わることが非常に大切なのです。

例えば、いつもの生活圏を離れ、広大な海と空が視界に入る場所に行ったら、思考が既存の枠を超え、自由に広がっていくのを感じたといった経験はないでしょうか。このように視界が変われば、私たちにインプットされる情報も劇的に変化します。すると、これまで見えなかったものが見えてきたり、かつてないほどインスピレーションが湧き上がったり、今までまったく気づかなかった新たな発見があったりなど、学びに適した心身の状態

になるはずです。昨今話題のVR（バーチャルリアリティ）やメタバースも便利な手段ではありますが、ずっと机にしがみついていたり、同じ生活圏にとどまるのではなく、ぜひ物理的に移動し、自分の本当の視界を変えることで五感を研ぎ澄ますことを意識してみてください。

記憶力や創造力、注意力、集中力を最大限に高める

この〝3つのメソッド〟とともに覚えておいていただきたいのが、記憶力や創造力、注意力、そして集中力を高める方法です。記憶力や集中力が高いか低いかによって、仕事や学びの成果に雲泥の差が出ることは言うまでもありません。つまり、学びに入るときに記憶力や集中力を最大限に高めておけば、新たなスキルを早く、かつ確実に習得することができるというわけです。

では、どうしたら記憶力や集中力などを高めることができるのでしょう。その答えはずばり、運動です。

米国ハーバード大学医学部臨床精神医学准教授であるジョン・J・レイティ氏は、著

書『脳を鍛えるには運動しかない！　最新科学でわかった脳細胞の増やし方』（NHK出版）で、運動をすると脳の神経成長因子が35％も増えるなど、運動は体だけでなく、脳にもよい影響を与えることを明らかにしています。

また、『運動脳』（サンマーク出版）の著者でスウェーデンの精神科医であるアンデシュ・ハンセン氏は、運動は認知機能を高めるとともに、記憶力や創造力、注意力、集中力も向上させると述べています。従前、脳への血流は常に一定と考えられてきましたが、実は座っているときよりも運動したときのほうが血流が約20％増えることが明らかになっています。血流が増えるということは脳に届く酸素や栄養が増えるということであり、それにより記憶力や創造力、注意力、集中力が高まるというわけです。そして言うまでもありませんが、血流が増えるということは、心臓を多く拍動させてたくさんの血液を送っている状態、すなわち心拍数が上がっている状態です。つまり、記憶力や集中力を最大限に高めるには「運動をする」、言い換えれば「心拍数を上げる」ことが重要ということなのです。

どんな運動をどの程度行うのがよいのかについては諸説ありますが、例えば「最大心拍数の60～70％程度になるランニング（もしくは早歩き）などの有酸素運動を1日30～40分行う」などが始めやすいのではないでしょうか。最大心拍数の60～70％といったら、感覚的には心地よいからややきつい程度で、少し息が弾むぐらいの状態と思っていただければよいでしょう。図17に各年齢の最大心拍数と目標心拍数を示しましたので、運動をする際の一つの目安にしてください。ちなみに、阿部は運動にかける時間を短くしたいという狙いから、仕事やリスキリングの前には10〜20kgのウエイトベストを着用し陸上自衛隊の基礎トレーニングといわれている「かがみ跳躍」や片手腕立て、ローラー腹筋を各2分間やっています。

さて、ここまでで新しいスキル習得にかけるべき時間、そして早く確実にスキルを手に入れるための学び方について解説してきました。リスキリングのスタートは切れたでしょうか。次章では、リスキリングを続けるための極意について解説していきます。

図17 ｜ 年齢別の最大心拍数と目標心拍数

年齢	最大心拍数	目標心拍数	
		60%	70%
20	200	120	140
30	190	114	133
40	180	108	126
50	170	102	119
60	160	96	112

第3章のまとめ

本章では、リスキリングにおける“学び方”を取り上げ、学び方に関する有効な戦略やかけるべき時間、学びの質を向上させる方法などについて紹介した。

● 勝つためのリスキリング戦略

百点満点を狙わず、60点のスキルを積み上げることが重要。例えば、A氏は一つの分野で100点のスキルを持っていたとしても、自分が8つの分野でそれぞれ60点のスキルを習得すれば、60点×8＝480点のスキルを有していることになる。このようにビジネスパーソンのスキルはトータル、足し算で考えることが鍵。

● スキル習得までにかける時間の考え方

「百日の稽古をもって鍛となし、千日の稽古をもって錬となす」（剣豪・宮本武蔵の名言を著者が今の時代に合わせて改変）。3ヵ月で一つ、1年で4つ、2年で8つ、3年で12の新たなスキルを獲得するぐらいのスピード感を持って臨むことが大切。

● 人の2倍、3倍のスキルをつけるための手法

人の2倍のスキルを身につけようと思ったら、人の1.4倍の時間を学びにあてる。同様に、3倍のスキルを習得するには人の1.7倍、4倍ならば人の2.0倍の時間を学びにあてることが重要である（ランチェスター戦略を参考に著者が改変）。

上記を基に年間の学びにあてる時間を換算すると以下となる。

1,880時間×$\sqrt{3}$（1.7）≒3,200時間（必勝型）

1,880時間×$\sqrt{4}$（2.0）≒3,700時間（圧勝型）

1,880時間×$\sqrt{5}$（2.2）≒4,140時間（決死型）

1,880時間×$\sqrt{6}$（2.4）≒4,530時間（超人型）

上記を1日に換算すると以下の通り（週に1日は完全休養と想定）。

3,200時間÷300日≒10時間（必勝型）

3,700時間÷300日≒12時間（圧勝型）

4,140時間÷300日≒14時間（決死型）

4,530時間÷300日≒15時間（超人型）

● 早く確実に学ぶための“3つのメソッド”

メソッド❶　読書で圧倒的な情報のシャワーを浴びる。

メソッド❷　一流の人と少人数で話をし、教えを乞う。

メソッド❸　物理的に移動することで、視界（五感）を変える。

第4章

〝学び続ける極意〟とは？

Chapter 4

習慣化のマイルストーン、「66日」とは何か？

再覚醒・最覚醒のサイクルを循環させる

リスキリングのスタートを切ったみなさんが次に目指すべきは、学びを継続し自らの再覚醒・最覚醒のサイクルを循環させていくことです。張り切ってテキストを買ったもののモチベーションが続かず、いつの間にか学びから遠ざかってしまう――そんな経験をお持ちの方も多いのではないかと思います。そうした状況を打開し、今度こそ学びを定着させるために知っておいていただきたいのが〝習慣化の極意〟です。

「習慣化」とは、ある行動や思考を自動的に行っている状態のことです。そして、勉強やダイエット、ポジティブ思考など、自動的に行いたいと考える行動を私たち人間が習慣化するまでに要する期間は「平均66日」（約2ヵ月）といわれています。

「平均66日」という数字は、英国ロンドン大学教授のフィリッパ・ラリー氏が２００９年に行った実験に基づいています。その実験とは、21歳～45歳の学生96人に毎日実行する行動を一つ決めて12週間取り組んでもらい、毎日実行したかどうかを記録するというものです。実験の結果、早い人は18日、遅い人は２５４日で自動的に行動できるようになった、すなわち習慣化できたことがわかり、その平均が66日というわけです。

もちろん、容易なものから難しいものまで自動化したいと思う行動は人それぞれですし、自動化のスピードにも個人差があるため、誰もが66日で習慣化できるとは言い切れません。ただ、モチベーション維持という意味でも、習慣化に向けたマイルストーンとして「66日」を一つの目安にするのは非常に有効だと考えられます。

「行動」「体」「思考」の分野における習慣化の期間

もう一つ知っておいていただきたいことがあります。それは、習慣化までに要する期間は「平均66日」だが、「行動に関わること（行動習慣）」「体に関わること（身体習慣）」「思考に関わること（思考習慣）」のいずれの分野の行動を習慣化するかによって、その期間には大きな差が出る――ということです。

一つ目の「行動に関わること(行動習慣)」とは、具体的には学習をする、日記を書く、読書をする、部屋の片づけをする、オンラインでの買い物を節約するなどで、これらの行動を習慣化するには約1ヵ月かかるといわれています。逆に言えば、これらの行動を毎日のルーティンにしていくことで、約1ヵ月後にはやるのが当たり前になっているということです。

二つ目の「体に関わること(身体習慣)」は、例えば早寝早起きをする、ダイエットをする、ランニングをする、禁煙をするなどがあげられ、これらの行動を習慣化するためには約

図18　3つの分野における習慣化までに要する期間

習慣化したいこと	具体例	習慣化までに要する期間
行動に関わること(行動習慣)	・学習をする ・日記を書く ・読書をする ・部屋の片づけをする ・節約をする　など	約1ヵ月
体に関わること(身体習慣)	・早寝早起きをする ・ダイエットをする ・ランニングをする ・禁煙をする　など	約3ヵ月
思考に関わること(思考習慣)	・ポジティブ思考を身につける ・論理的思考を習得する ・完璧主義から脱却する　など	約6ヵ月

3ヵ月かかるとされています。

そして3つ目の「思考に関わること(思考習慣)」は、ポジティブ思考を身につける、論理的思考を習得する、完璧主義から脱却するなどがあげられます。長い年月をかけて形成された自分の考え方や価値観そのものを変えるということです。そのため、3つの分野の中でいちばん長い約6ヵ月を要するといわれています(図18)。

以上のように、習慣化には「行動に関わること(行動習慣)」「体に関わること(身体習慣)」「思考に関わること(思考習慣)」という3つの分野があること、そして分野によって習慣化に至る期間が異なることを理解しましょう。そのうえで、自分自身が習慣化したいと思う行動はどの分野に該当するのかを踏まえて自動化・習慣化の目安とするとよいでしょう。

“習慣化の極意”を知れば、学びは継続できる！

習慣化までに乗り越えるべき3つの時期とは？

前述のように、習慣化に至るまでの期間は「行動に関わること(行動習慣)が約1ヵ月」「体に関わること(身体習慣)が約3ヵ月」「思考に関わること(思考習慣)が約6ヵ月」ですが、これらの期間はさらに3つの時期に分けられるといわれています。言い換えれば、3つの時期を経なければ習慣化には至らないということです。まずはどんな時期があるのかについて見ていきましょう。

❶反発期

私たち人間には新しいことにチャレンジしたいという気持ちと、現状からの変化を嫌う感情が同時に存在しています。そして、それは現在の習慣や環境などを維持したいという感情、いわゆる心理的ホメオスタシスが原因といわれています。第1段階である反発期はこの心理的ホメオスタシスによって、やめたいという気持ちが生じる時期です。挫折する人が最も多いのもこの時期で、その率は42％にのぼります。

❷不安定期

第1段階の反発期をクリアすると、第2段階の不安定期を迎えます。この時期は「振り回される時期」ともいわれており、少しずつ習慣化することに慣れてくる一方、周囲の環境から影響を受けたり急な用事に振り回されたりして挫折しやすい時期です。そのため、反発期と同様、不安定期も40％と挫折率はまだかなり高くなっています。

❸倦怠期

第3段階である倦怠期は、やっていることにマンネリ化を感じ、継続することの意義がわからなくなったり、物足りなくなったりする時期です。第1段階の反発期、第2段階の不安定期に比べるとぐっと数は減りますが、18％の人は倦怠期で挫折しています。

このように、習慣化までには3つの時期を乗り越える必要があることを知ることが大切です。自分は今どの時期にいて今後どんな時期を迎えるのかがわかるだけでも心持ちが違ってくるはずです。そのうえで、各時期に適した対策をとることができれば、習慣化実現に向けた歩みはさらに力強いものとなっていくでしょう。

各時期に適した対策で習慣化を実現する

では、反発期、不安定期、倦怠期それぞれに適した対策とはどのようなものでしょう。以下に詳しく解説していきます。

❶反発期にとるべき対策

一つ目の対策としては、「とにかく続ける」ことだけを意識しましょう。そのためには、ベビーステップ、すなわち赤ちゃんの一歩のように小さく始めることが重要です。1日1ページだけテキストを読む、動画講座を毎日5分だけ聴講するなど、そんなに簡単なことならば絶対にできると思えるところまでハードルを下げて始めてみるのです。

二つ目の対策は、「シンプルに記録する」ことです。例えば、実行した日は手帳にシールを貼るなど、簡単な行動の記録を毎日必ずつけるようにしましょう。自分が習慣化にチャレンジしていることを自覚でき、続けることへのモチベーションが上がります。

❷不安定期にとるべき対策

第2段階である不安定期の対策の一つは「パターン化(仕組み化)する」ことです。例えば、「1日1時間、ファイナンスを学ぶ」ことを習慣化したい場合は、その行動を行う時間、場所、やり方を決め、毎日のルーティンに組み込むのです。仮に「帰宅後、リビングのテーブルに置いてあるファイナンスのテキストを30分読む」などと決めておくと、いつやろうかと考えるまでもなく自動的に行動することができます。

また、いくらパターン化しても、急な残業や会食などで決めた通りに実行できない日も出てくるでしょう。そうした場合に有効なのが「例外ルールを設ける」ことです。例えば「急な残業や会食などがある日は、帰りの電車でファイナンスのテキストを1ページだけ読む」などの例外ルールを決め実行すると、それだけで達成感を覚えることができます。このように実行しなかったという罪悪感をなくし、日々達成感を味わうことが不安定期を乗り越えるポイントです。

❸倦怠期にとるべき対策

いよいよ最後です。マンネリ化を感じやすい倦怠期の対策は「変化をつける」ことです。基本のルールは変えずに、例えば新しいテキストを買う、セミナーを受ける、学ぶ場所を変えるなどちょっとした変化を取り入れてみましょう。第3章で述べた「早く確実に学ぶための〝3つのメソッド〟」の「メソッド❸ 物理的に移動することで、視界（五感）を変える」もこの時期の対策として有効です。ローカル線の電車に乗って旅に出て、視界を変えることでこれまで見えなかったものが見えてきたり、普段行かない穴場の海辺のカフェで勉強することで新たな発見があったりなど、学びがもう一段階深化することでしょう。

同時に、この時期には次に習慣化したい行動、すなわち次のリスキリングのテーマについて計画を立て、すぐに取り組めるように準備をしておきます。このように、リスキリングのサイクルを途切れなく回していくことにより、量・質ともに卓抜したスキルを身につけたビジネスパーソンへと成長できるはずです。

これまで述べてきた学びを継続するための〝習慣化の極意〟について、ポイントを図19にまとめましたのでそちらも参考にしてみてください。

今まで学びや運動などを習慣化しようとしても毎回挫折していたという方は、自己の傾向を踏まえたうえでぜひこの〝習慣化の極意〟を実践してみてはいかがでしょうか。学びの習慣化が実現した暁には、かつてないほどの大きな達成感が待っているはずです。

図19 習慣化のポイント

		反発期	不安定期	倦怠期
期間	行動習慣	1週間	2週間	1週間
	身体習慣	3週間	6週間	3週間
	思考習慣	6週間	12週間	6週間
症状		やめたい	振り回される	飽きてくる
挫折率		42%	40%	18%
方針		とにかく続ける	仕組みをつくる	変化をつける
対策		①ベビーステップで始める ②シンプルに記録する	①パターン化する ②例外ルールを設ける	①変化をつける ②次の習慣を計画する
3つの原則		原則①:一つの習慣に絞る(同時にいくつもやらない) 原則②:有効な一つの行動に絞り込む(複雑なルールにしない) 原則③:結果より行動を重視する(結果にこだわりすぎない)		

モチベーションをコントロールする奥義

脳科学から導く、やる気を起こすための手法～10分間行動～

学びの習慣化を実現し、リスキリングのサイクルを途切れなく回していくには、たとえやる気が起きないと感じるときでも自分自身に暗示をかけて学びに誘導する――いわばモチベーションの低下をコントロールする手法が必要となります。

その手法の一つとして著者らがご提案しているのは「とりあえず10分間行動をしてみる」ということです。

学ぼうという気持ちが起きない、人間関係のことなどを考えてしまい学びに集中できない、あるいは本当にスキルが習得できるのだろうかと不安を感じる――そうしたモチベーションの低いときは頭の中でいろいろ考え、じっとしていては何も始まりません。

例えば、ストレッチをしてみる、散歩をしてみる、部屋の掃除をしてみる、テキストを書き写してみるなど、なんでもよいのでとりあえず10分間行動をしてみてください。そうすることで自然とモチベーションが上がり、やる気が湧いてくるはずです。

そんなバカなと思う方もいるかもしれませんが、このことは脳科学的にも明らかになっています。

「側坐核（そくざかく）」という言葉をご存じでしょうか？

側坐核とは左右の大脳半球に一つずつある部位で、側坐核が刺激されると行動意欲を高める神経伝達物質であるドーパミンが分泌されます。つまり、側坐核を刺激することで、自然にやる気が出始めるということです（図20）。そして、この側坐核を刺激する最も効果的な方法が「行動する」ことなのです。と

図20　やる気を司る側坐核

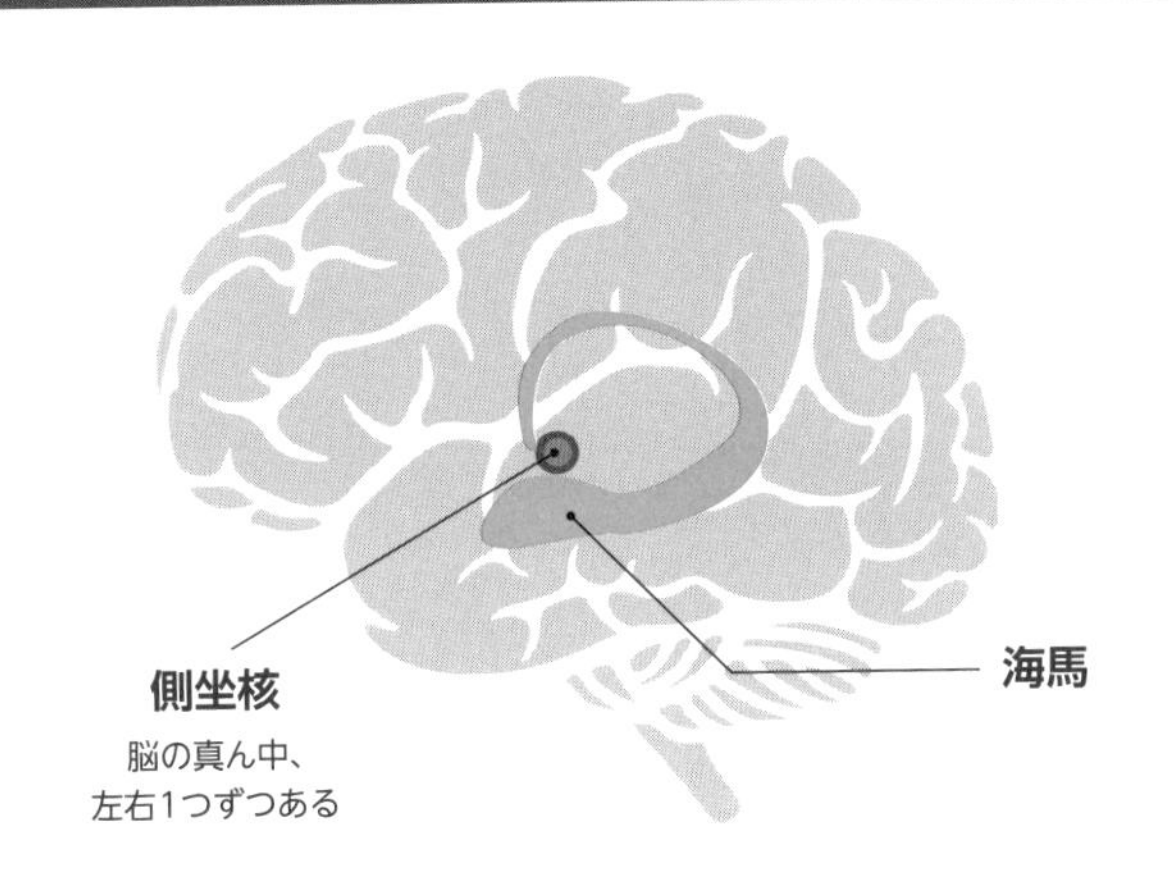

りあえず行動することで側坐核が刺激されドーパミンが分泌されることを「作業興奮」といい、作業興奮は作業開始から5～10分ほどで起こるとされています。

私たちは「行動するためにはやる気が必要」と考えがちですが、実はその逆で「やる気を出すためにはとりあえず行動が必要」なのです。

やる気が湧かないときは、とりあえず10分間行動をしてみる――という方法をぜひ覚えておいてください。モチベーションをコントロールし、リスキリングのサイクルを回すための原動力となることでしょう。

リスキリングの伴走者「メンター」をつくる

もう一つ、自分自身のモチベーションをうまくコントロールするためにぜひ取り入れていただきたいのが「メンタリング」です。

メンタリングとは人材育成方法の一つで、メンター（Mentor）と呼ばれる指導者がメンティー（Mentee）と呼ばれる被指導者と1対1の関係性を結び、対話によってメンティーの成長を促すものです。指導者が被指導者に答えを教えて成長を促すティーチングと、答えは示さずあくまで問いのみによって導くコーチングの両方の要素を備えているのがメンタリングの特徴といえます。企業においては主に新入社員や若手社員の育成に導入されており、新入社員や若手社員がメンティー、上司や先輩社員がメンターとなることが多いでしょう。

そして、メンタリングにはさまざまな効果があります。例えば、メンターの共感や励ましはメンティーの自信や自己効力感につながり、意欲の向上や発言・行動の活発化などが期待できます。一方、メンティーへの支援を行うことはメンターにとっても新たな学習の機会となるとともに、メンター自身のモチベーション向上にもつながります。こうした高い相乗効果が、ひいては企業の生産性向上やイノベーションを生み出す土壌づくりに結びついていくのです。

では、このメンタリングをリスキリングに取り入れる手法についてご説明しましょう。まずは自分のリスキリングに伴走してくれる人、すなわちメンターとなってくれる人を決めて依頼します。メンターは、会社の上司や同僚、部下、あるいはパートナー、恋人、友人でもよいでしょう。また、メンター自身がリスキリングの経験を持っている必要はありません。いちばん大切なのは、信頼できて気持ちが通じ合う人を選ぶことです。

メンターが決まったら、その人にリスキリングの進捗状況や手ごたえ、課題などについて話し、感想や意見、アドバイスをフィードバックしてもらいます。例えば、動画編集を学んでいる人ならば自分が制作した動画をメンターに見てもらう、英語の習得に励んでいる人ならば最近覚えたフレーズをメンターに聞いてもらうなどもよいでしょう。重要なのはメンターと1対1で真剣に対話を重ねることです。

その過程で示されるメンターの共感や励まし、雑感、アドバイスは、必ずあなたを勇気づけ、リスキリングへのモチベーションを向上させてくれます。そして、メンティーであるあなたを支援することで、メンターもまた大きく成長することでしょう。

〝学び方〟の工夫次第でスキル習得は飛躍的に速まる

努力しても頭に入ってこないのは〝学び方〟のせい？

「学び続けても、知識が定着している実感がない」
「がんばっているのに、なかなか資格がとれない」
「周囲の人に比べ、スキルの習得に時間がかかる」……。

リスキリングに取り組む過程では、こうした悩みを抱く人も多いでしょう。そんなときは自分の能力のなさだと落ち込んだり、努力が足りないからだと自責の念に駆られたりしがちですが、ちょっと待ってください。それは能力や努力の問題ではなく、〝自分自身に合っていない学び方〟をしているせいかもしれません。

ここでまた阿部の苦い体験を開示させていただくと、阿部は高校や大学のテストというテストで失敗を続けてきました。それだけにとどまらず、富士銀行に新卒で入行してからも、同行の長い歴史の中で不合格者がいないといわれた基礎テストで落ち、再試験になったという貴重な経験を有しています(笑)。

それは穴埋め形式の試験で、銀行業務について説明した文章のところどころが空白になっており、そこに適切な言葉を入れて正しい文章を完成させなさい、といったものでした。勉強に用いるテキストも穴埋め問題をひたすら解いていく形式です。

正直、銀行業務を行ううえでもビジネスパーソンとしても意義のある試験とは思えず、また穴埋め問題をひたすら解いていくという学び方も性に合わなかったのでしょう。テキストを開くのが苦痛でほとんど勉強しないまま試験に臨み、当然の帰結となったわけです。

そして、その学びの傾向は今も変わらず、ビジネスに必要と言われても意義を見出せないと勉強する気が起きませんし、穴埋め問題をひたすら解くといった学び方ではいまだに知識がまったく頭に入ってきません。

もしも阿部と同じように学生時代に何度もテストに失敗し、また社会人になってからも思うように知識が定着せず、それがトラウマになっているという方はどうかこれから申し上げる点に気づいていただきたいと思います。それは、私たち人間にはそれぞれ、合っている学び方、合っていない学び方があるということです。そして、自分に合った学び方を見つけ実践することができれば、知識が定着するスピード、スキルを習得するスピードは飛躍的に速くなるということ——を。

人によって認知機能の働きには得手不得手がある

では、自分自身に合った学び方を見つけ実践するにはどうしたらよいのでしょう。

そのヒントとなるのが「認知特性」というキーワードです。

私たち人間は、見る、聞く、触る、嗅ぐ、味わうという五感を介して外部からさまざまな情報を得て、それを脳内で理解、整理、記憶し、それらをもとに言葉を操ったり、計算をしたり、文章を書いたりしています（図21）。

この五感を介したインプットと脳内での処理、動作の遂行というアウトプットまでの一連の流れと、人によってその一連の流れに偏りがあることを認知特性といいます。

簡単に言えば、物を見ることで記憶するのは得意だけれど、文章を読んでもなかなか覚えられない人、あるいは読み聞かせなど音声は頭に入ってくるけれど、物を見て覚えるのは不得意な人など、人によって認知機能の働きには得手不得手がある——というのが認知特性です。

『医師のつくった「頭のよさ」テスト　認知特性から見た6つのパターン』(光文社新書)の著者で、小児発達医である本田真美氏は、得意な感覚ごとに以下の3つの認知特性のタイプに分類できるとしています。

❶視覚優位タイプ……情報を「見て記憶する」のが得意なタイプ。

❷言語優位タイプ……情報を「読んで記憶する」のが得意なタイプ。

❸聴覚優位タイプ……情報を「聞いて記憶する」のが得意なタイプ。

さらに、それぞれを細分化すると以下の6つに分けることができるといいます。

図21　認知機能による情報処理の流れ

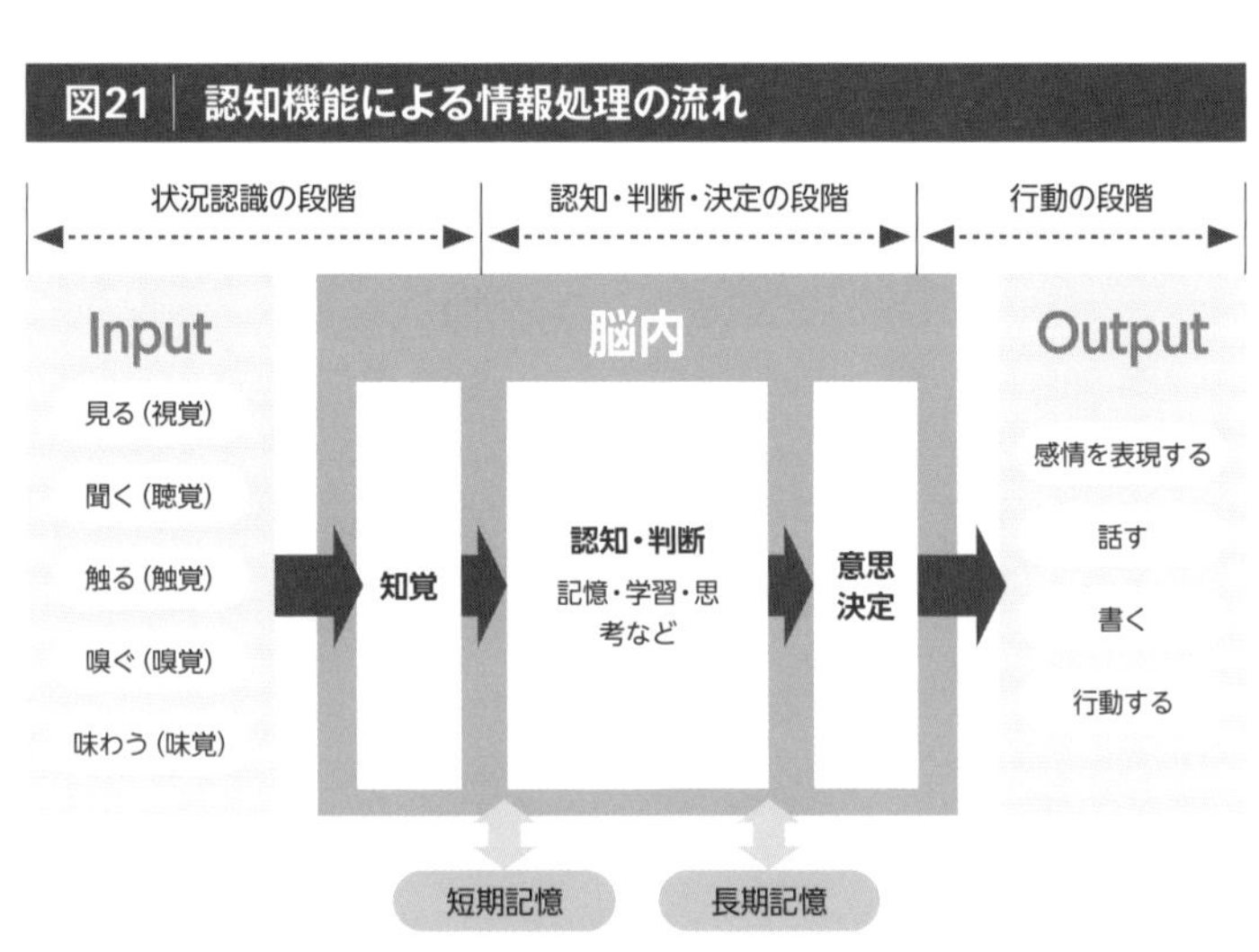

視覚優位タイプ……❶カメラタイプ、❷3Dタイプ
言語優位タイプ……❸ファンタジータイプ、❹辞書タイプ
聴覚優位タイプ……❺ラジオタイプ、❻サウンドタイプ

これら6つのタイプにはそれぞれ特徴があり、それぞれのタイプの特徴に適した学び方をすることで学習の効率が向上するとしています。

自分の「認知特性」と適した学び方を理解する

以下に、本田氏の著書などを参考にタイプごとの特徴と適した学び方をまとめました。自分のタイプと適した学び方を探る参考にしてください。

❶視覚優位・カメラタイプ

一度見たことを写真や絵のような映像として記憶するのが得意なタイプ。写真家や画家、デザイナーに多く見られるタイプで、アニメのキャラクターなどの絵を何も見ずに思い出しながら描くことができる。文字だけでなく写真やイラストが多いテキストを選んだ

り、ノートに書き込んだ内容を覚える際はページ全体を1枚の写真のように記憶したりといった学び方が適している。

❷視覚優位・3Dタイプ

前述のカメラタイプと同じく視覚優位だが、写真ではなく動画のように記憶するのが得意なタイプ。自分の見た風景を、順序よく時間を追うように説明できるのが特徴。建築家やパイロット、外科医、機械技術職、テレビや映画の舞台制作者、テレビカメラマンなどに多くみられる。動画講義やオンラインセミナーなど映像を活用した学び方が適している。

❸言語優位・ファンタジータイプ

本や小説を読むとその場面が容易に想像でき、文章よりは映像イメージとして記憶するのが得意なタイプ。言語を映像化することも、逆に映像を言語化することも得意。コピーライターや絵本作家、雑誌の編集者、作詞家などに多くみられる。言語だけでなく画像を見ても頭でイメージできるため、言語とイラストを併用したテキストを活用した学び方が適している。

❹言語優位・辞書タイプ

文字情報を言語として取り入れ、論理的に理解するのが得意なタイプ。言語化や図式化するのも得意なため、ノートをわかりやすくまとめる特徴がある。内科系医師や作家、教師、金融関係者、心理学者に多くみられる。テキストなどを読んで理解した内容を自分なりにノートにまとめたり、何度も書き写して覚えたりする学び方が適している。

❺聴覚優位・ラジオタイプ

耳から入る情報をよく覚えており、音声という聴覚情報のみで言語を脳内に取り入れるのが得意なタイプ。一度聞いた歌や映画のセリフをそのまますぐに覚えられる。弁護士や教師、落語家、アナウンサーなどに多くみられる。リスニング教材やラジオ講座を活用する、テキストを音読するなど、聴覚的な情報を繰り返し聞くという学び方が適している。

❻聴覚優位・サウンドタイプ

音階や音色など言語的な意味を持たない情報であっても、イメージとして脳内で処理できるタイプ。CMソングや映画で一度聞いただけの曲を口ずさむことができる。音楽家がこのタイプで、絶対音感を持っている人も多い。前述のラジオタイプと同様、リスニング教材やラジオ講座を使う、テキストを音読するなど、聴覚的な情報を利用する学び方が適している。

6つのタイプと適した学び方の概略を図22にまとめましたので、そちらも参考にしてください。なお、認知特性の6つのタイプを提唱した本田氏は、認知特性とは個人の情報処理の好みや特性であり、良し悪しや優劣をはかるものではないと自身がメンバーとなっている本田式認知特性研究所のホームページ（https://www.cogtem.com/）で述べています。同時に、認知特性は持って生まれたもので変えられないと思いがちですが、教育・文化などの社会環境や人間関係によって変動する可能性が指摘されているとのことです。

今、再覚醒・最覚醒のサイクルが高速に回り始める

さて、私たち人間には認知特性というものがあり、それぞれの認知特性に適した学び方がある。そして、「がんばってリスキリングしているのに成果が出ない」「短期間で資格を取得した同僚と同じ学び方をしているのに点数が伸びない」といった場合は、自分自身の認知特性に適した学び方をしていない可能性が高い――ということがおわかりいただけた

図22　6つのタイプと適した学び方

視覚優位	
❶カメラタイプ ・一度見たことを写真や絵のような映像として記憶するのが得意 ・写真家や画家、デザイナーなどに多く見られる ・文字だけでなく写真やイラストが多いテキストを選んだり、ノートに書き込んだ内容を覚える際はページ全体を1枚の写真のように記憶したりといった学び方が適している	**❷3Dタイプ** ・写真ではなく動画のように記憶するのが得意 ・建築家やパイロット、外科医、機械技術職、テレビや映画の舞台制作者、テレビカメラマンなどに多くみられる ・動画講義やオンラインセミナーなど映像を活用した学び方が適している

言語優位	
❸ファンタジータイプ ・言語を映像化することも、逆に映像を言語化することも得意 ・コピーライターや絵本作家、雑誌の編集者、作詞家などに多くみられる ・言語だけでなく画像を見ても頭でイメージできるため、言語とイラストを併用したテキストを活用した学び方が適している	**❹辞書タイプ** ・文字情報を言語として取り入れ、論理的に理解するのが得意 ・内科系医師や作家、教師、金融関係者、心理学者に多くみられる ・テキストなどを読んで理解した内容を自分なりにノートにまとめたり、何度も書き写して覚えたりする学び方が適している

聴覚優位	
❺ラジオタイプ ・耳から入る情報をよく覚えており、音声という聴覚情報のみで言語を脳内に取り入れるのが得意 ・弁護士や教師、落語家、アナウンサーなどに多くみられる ・リスニング教材やラジオ講座を活用する、テキストを音読するなど、聴覚的な情報を繰り返し聞くという学び方が適している	**❻サウンドタイプ** ・音階や音色など言語的な意味を持たない情報であっても、イメージとして脳内で処理できる ・音楽家がこのタイプで、絶対音感を持っている人も多い ・❺のラジオタイプと同様、リスニング教材やラジオ講座を使う、テキストを音読するなど、聴覚的な情報を利用する学び方が適している

参考：本田真美『医師のつくった「頭のよさ」テスト　認知特性から見た6つのパターン』（光文社新書）および本田式認知特性研究所ホームページ

でしょうか。

自分の認知特性とそれに適した学び方を知りたい方は、前述の『医師のつくった「頭のよさ」テスト　認知特性から見た6つのパターン』に「認知特性テスト」が収録されていますので参考にしてみてください。また、本田式認知特性研究所のホームページ（https://www.cogtem.com/）にも、無料で受けられる「かんたん認知特性チェック」や「認知特性テスト」が掲載されています。

ちなみに、佐藤は言語優位のファンタジータイプです。

一方、阿部は圧倒的に視覚優位でカメラタイプと3Dタイプのどちらの認知特性も高いという結果でした。つまり、文字情報だけではなく、写真やイラスト、図版が多いテキストを活用したり、動画講義やオンラインセミナーなど映像を見たりする学び方が適しているということです。

前述の通り、銀行時代に落ちた試験とそのための勉強方法は穴埋め形式、すなわち文字情報のみの学び方であり、自分自身の認知特性に照らしても不向きだったわけです。そして、自分の認知特性である視覚優位に適した学び方を取り入れたところ、情報がすっと頭に入ってきて、しかも忘れにくくなったと同時に、学ぶのが以前よりも楽しいと感じるようになりました。学びの成果について課題や悩みを持っている方は、ぜひ一度自分の認知特性とそれに適した学び方を知り、リスキリングに取り入れてみるのもよいのではないでしょうか。

こうした新たな試みやチャレンジにより、今現在の課題や悩みが解消すると同時に、学ぶのが苦手だという過去のトラウマからも解放されるかもしれません。そして、そうなったなら、どんな年齢でもスキル習得のスピードは飛躍的に速くなり、自身のリスキリングのサイクル、すなわち再覚醒・最覚醒のサイクルが高速に回り始めることでしょう。

第4章のまとめ

本章では、リスキリングのスタートを切ったビジネスパーソンが学びを中断させることなく、継続的に学び続けるための極意について紹介した。

●学びの習慣化を図る

勉強やダイエット、ポジティブ思考など、自動的に行いたいと考える行動を人間が習慣化するまでに要する期間は「平均66日」といわれる。ただし、「行動に関わること（行動習慣）」「体に関わること（身体習慣）」「思考に関わること（思考習慣）」のいずれの分野を習慣化するかによって、その期間には大きな差が出る。
習慣化に至るまでには「反発期」「不安定期」「倦怠期」の3つの時期を経る必要がある。それぞれの時期を乗り越えるための対策は以下の通り。

〈反発期〉
・ベビーステップで始める
・シンプルに記録する
〈不安定期〉
・パターン化する
・例外ルールを設ける
〈倦怠期〉
・変化をつける

●モチベーションをコントロールする奥義

「とりあえず10分間行動してみる」ことが重要。「行動する」ことにより、脳内の側坐核が刺激されると行動意欲を高める神経伝達物質であるドーパミンが分泌される。これにより自然とモチベーションが上がる。また、自分のリスキリングに伴走してくれる人、すなわちメンターをつくることによりモチベーションをコントロールするのも効果的である。

●自分の特性に合った学び方を取り入れる

以下の6つのタイプの中から自分の特性を知り、その特性に合った学び方を取り入れるのが大切である。
❶視覚優位・カメラタイプ　❷視覚優位・3Dタイプ
❸言語優位・ファンタジータイプ　❹言語優位・辞書タイプ
❺聴覚優位・ラジオタイプ　❻聴覚優位・サウンドタイプ

第5章

生涯現役を貫くために

Chapter 5

ビジネスパーソンは己の体の〝経営者〟たれ！

「老化＝もうダメだ」と諦めてはいないか

２０２１年４月の改正高齢者雇用安定法施行を受け、70歳定年時代が幕を開けました。こうした時代背景の中、特にシニアビジネスパーソンのリスキリングが注目されているのは周知の通りです。もちろん生涯現役で活躍するためにもリスキリングは最重要課題ですが、前述のようにスキル（やり方）の〝再武装〟を図るにはその土台となっているウィル（考え方・捉え方）、そしてボディ（生命体および人としてのあり方）を万全な状態にすることが欠かせません。そして今、シニアビジネスパーソンがリスキリングをするなら真っ先に取り組むべきは、まさにこのウィルとボディの改善であると著者らは考えています。

70歳定年時代の到来――。このことについてシニアビジネスパーソンの方たちはどう受け止めているのか。研修やセミナーでお会いする方々にお話を聞くと、70歳まで働きたいと考えている方と早めのリタイアを望んでいる方は半々ぐらいで、若干後者のほうが多いように感じます。そして、その方たちの多くが抱いているのは、70歳まで求められる人材でいるのは無理だろうという諦めです。

なぜそうした諦めが湧き上がるのか。その根源の多くはずばり、「老化」です。「体力がなくなってきた」「疲れやすくなってきた」などの老化を感じることで、「もう仕事で高いパフォーマンスを発揮するのは難しいのではないか」「自分はそろそろビジネスパーソンとして終わりかもしれない」といった諦めが湧き上がっているのでしょう。

老化を感じること自体は自然であり、感じないほうがむしろおかしいですし、逆に外見上の老化だけを薬剤や手術などで食い止めようとするのも本質的ではないと思います。問題は老化を感じることで「もうダメだ」と諦めてしまうこと一点に尽きます。

みなさんの中にもそんなふうに諦めている方がいらっしゃったら、ちょっと考えてみてください。あなたが仮に会社の経営者で、自社の売上や経常利益が減少傾向にあったらどうするでしょう。営業活動や経費削減、人員整理、新規事業の模索など、それこそあらゆる対策を講じて自社の業績を向上させようと努力すると思います。

そのように事業や仕事のことに関しては必死になりますが、自分の体のことになるとなぜ簡単に仕方ないと諦めてしまうのか。自分の体の〝経営者〟は、ほかならないあなた自身です。年齢を重ねて体力が少しずつ減少傾向に向かっていると感じるならば、私たちはあらゆる対策を講じて自分の体力の維持・向上を図るべきと思います。

シニアビジネスパーソンのみなさんは、どうか諦めないでください。確かに、老化による体力低下を完全に止める手立てはありません。またそれは生きるものの自然の摂理です。しかし、自分の体の〝経営者〟としてしっかり対策を講じることで、老化による体力低下をゆっくり緩やかにすることはちょっとした意識や行動で十分可能なのです。

いくつになっても筋肉や脳は成長させられる

実際、筋肉はたんぱく質を摂取して軽い刺激を与えれば年をとってもそれほど落ちないといわれています。また、鍛えれば何歳になってからでも強く太く発達させることができます。実際に阿部は50代後半ですが、筋力はあまり落ちておらず、調子のよいときはいまだに2分間で80回の腕立て伏せやローラー腹筋のフルスタイルを行うことができます。

脳も同様です。脳の成長は20代がピークでその後は年齢とともに衰えていくと考えられてきました。しかし、近年の研究では20代以降も脳は成長し続けることが明らかになっています。日本と米国で最先端の脳の医療・研究に携わってきた脳内科医で、『100歳まで脳は成長する　記憶力を鍛える方法』（PHP文庫）の著者である加藤俊徳氏は、人体のさまざまな臓器の中でも脳は最も寿命が長く、120歳まで生きる力を持っており、100歳まで成長すると述べています。また、氏は50歳くらいまでが脳の確立時期であり、それ以降は思考力や人間力などを生かすことで脳はより成長し、さらに物事や知識を総合的に扱える脳へと変革を遂げていくとしています。

つまり、シニアビジネスパーソンの脳は衰退どころか右肩上がりの成長期であり、きちんと鍛えさえすればもっともっと成長するということです。

老化は仕方ないことだと諦めて何もしなければ、みなさんの脳も筋肉も衰えていくでしょう。しかし、人間はいくつになってもステップアップできると信じて鍛えれば、脳も筋肉もさらに成長していくのです。シニアビジネスパーソンのみなさんには、ぜひこのことを覚えておいていただきたいと思います。

「年のせい」で仕事を諦めることはない！

もう一つ、シニアビジネスパーソンのみなさんにお伝えしたいことがあります。それは、70歳定年まで、あるいはその先もずっと仕事を続けたいと思うのならば、「年のせい」と諦めずにぜひ仕事を続けていただきたいということです。

先日、阿部は知人である50代半ばの編集者からこんな話を聞きました。

定年退職を迎え、現在は嘱託社員として働いている63歳の先輩編集者が「年のせいで校正紙の文字が読みづらくてね。自分もそろそろ引退かな……」と笑いながら、でも少し寂しそうに言っていた——と。知人の先輩を否定するつもりはありませんが、それでもやはり「年のせい」と諦めないでほしいと強く思います。編集の仕事が好きで続けたいと思うなら、「年のせい」と寂しそうに笑って諦めるのではなく、仕事を続けられる方法を考えればいい。校正紙の文字が小さくて読みづらいなら、文字がより大きく見える眼鏡型ルーペを利用する、校正紙を拡大コピーする、あるいは大きなディスプレイに校正紙を映し出すなど、手間やお金が多少かかっても仕事を続けられる方法はきっとある。だから、老化により目の前の仕事が少し難しくなったからといって諦めないでほしいと思います。

翻って、研修やセミナーに登壇する阿部にとって進退を考えざるを得ないのは、病気や事故、あるいは加齢などで思うように声が出なくなったときでしょう。しかし、自分の声で受講生に語りかけることはできなくとも書くことならできます。また、伝えたいことをテキストや書籍にまとめる、あるいはプロに依頼しアフレコで声を収録して動画講座をつくることもできます。たとえ声が出なくなったとしても仕事を続けていくためのあらゆる方法が考えられるので模索し続けたいと思っています。

もしも70歳定年時代の到来に不安を感じていたら、老化を感じて未来を諦めかけていたら、「年のせい」で仕事を続けることを断念しようかと考えていたら、今こそリボディ、リウィルのスタートラインです。自身が自分のことを信じさえすれば、いくつになってもボディやウィルは変えられるからです。

自己効力感がリスキリングを加速する！

シニアビジネスパーソンは実は最強である！

前項で述べたように、シニアビジネスパーソンの中には老化を感じることで不安や諦めを抱いている方が多いですが、実は著者らは「年齢を重ねたシニアビジネスパーソンこそがビジネスにおいて最強の戦力になり得る」と確信しています。

図23は、仕事におけるパフォーマンスとそれを支える要素を氷山にたとえたものです。ご存じのように、氷山は全体の7分の1（約14％）が水面から出ているにすぎません。つまり、私たちの目の前に表れているのは、氷山のほんの一部にすぎないわけです。そして、それを私たちには見えない水面下で支えているのが氷山の7分の6（約86％）ということです。

この氷山を仕事に置き換えると、水面から出ている氷山の一角は目に見えるもの、すなわち仕事のパフォーマンスや成果といえます。では、それを水面下で支えているものとは何でしょうか？　私たちは4つの要素があると考えており、それらは水面に近い、すなわち目に見えやすいほうから「経験」「知識」「スキル」「マインド（メンタルモデル）」です。

この水面下の4つの要素をシニアと若手のビジネスパーソンで比較してみましょう。一つ目の経験については、シニアビジネスパーソンのほうが当然豊富な経験を持っています。二つ目の知識やスキルもシニアビジネスパーソンが勝っているでしょう。さらに、会社に対する愛着心や忠誠心、いわゆるエンゲージメント（愛着・思い入れ）という意味でのマインドも兼ね備えています。つまり、シニアビジネスパーソンはすべての面において優れているということです。「年齢を重ねたシニアビジネスパーソンこそがビジネスにおいて最

図23　仕事におけるパフォーマンスを支える4つの要素

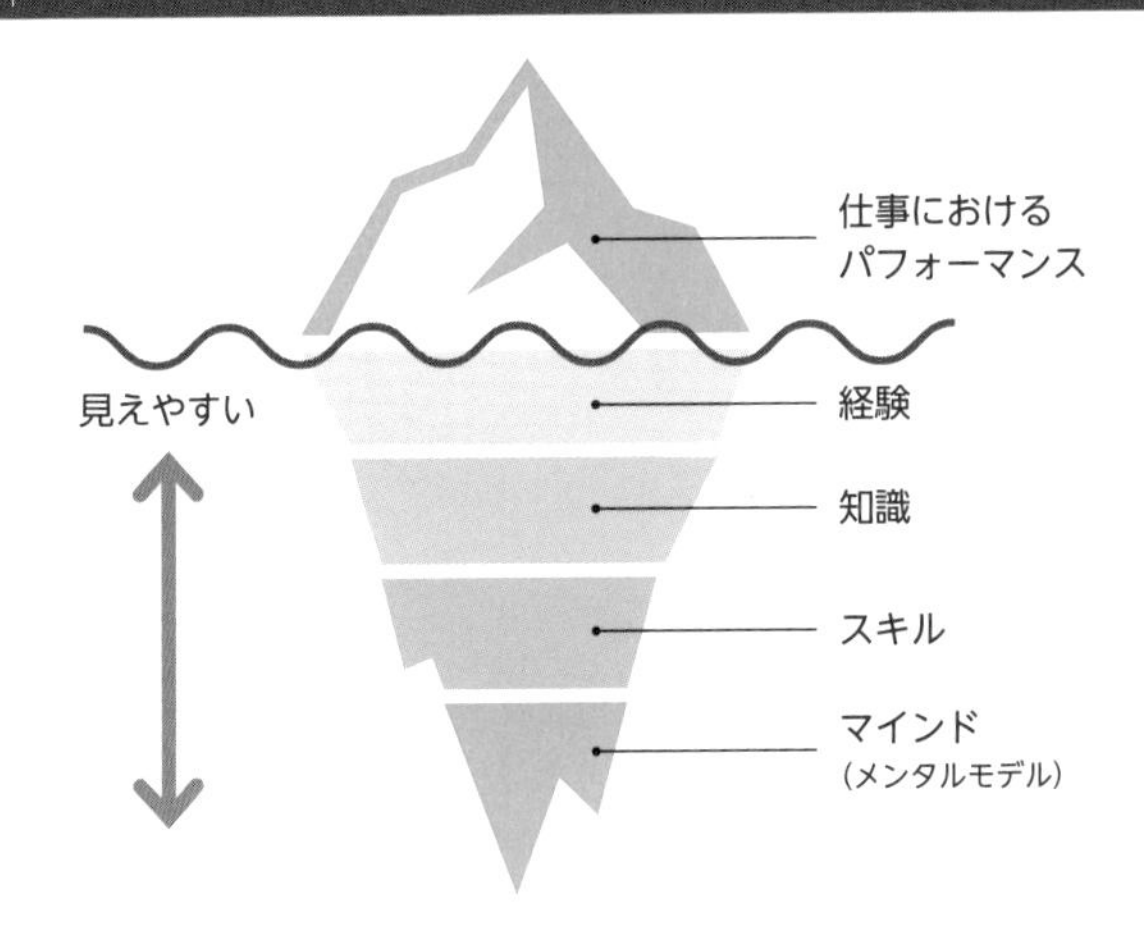

強の戦力になり得る」と著者らが確信する理由はここにあります。そして、そんなシニアビジネスパーソンの唯一の弱点といえるのが「老化」です。だからこそ、老化による不安や諦め、誤った認識、思い込みに縛られることなく、老化への対策を講じつつ、いくつになっても新しいスキルを身につけ、さらなる高みを目指していただきたい――と著者らは願っています。

自己効力感がリスキリングの成否を左右する

老化による不安や諦めに縛られることなく、いくつになっても新しいスキルを身につけ、さらなる高みを目指す。そんなウィルを持つために、シニアビジネスパーソンのみなさんには自分自身への自信、いわゆる自己効力感（セルフ・エフィカシー）が鍵になってくると思います。

自己効力感とは、米国スタンフォード大学教授の心理学者アルバート・バンデューラ氏によって提唱された概念で、行動や成果を求められる場面において、その行動や成果を達成するための能力を自分自身が持っていると考えられる力のことをいいます。簡単に言えば、「自分は達成できる」「自分なら乗り越えられる」と思える力です。

自己効力感と混同されやすいのが、第1章でも取り上げた自己肯定感です。しかし、この二つには大きな違いがあります。自己効力感が「未来のこと、初めて経験することでも、自分ならばできると自分自身を信頼する力」であるのに対し、自己肯定感は能力に関係なく現在の自分の価値や存在を肯定できる気持ち、すなわち「できてもできなくても、ありのままの自分を受け入れられる力」です。どちらもビジネスパーソンのパフォーマンスを左右する重要な力ですが、ここでは自己効力感について述べたいと思います。

では、自己効力感は仕事のパフォーマンスやリスキリングにどのように影響するのでしょうか。自己効力感が高い場合と低い場合では、以下のような特徴がみられるといわれています。

自己効力感が高い場合

・何事も積極的に、前向きな気持ちで臨める。
・困難な状況でも、諦めず努力することができる。
・ストレスフルな状況に置かれても適切な対処ができる。

・失敗を引きずらず、学びを見出し次に生かせる。

自己効力感が低い場合

・過度に失敗を恐れ、行動が消極的になる。
・行動する前から努力することを諦めてしまう。
・課題に直面すると、すぐにできないと思ってしまう。
・失敗をいつまでも引きずり、ネガティブになる。

自己効力感が高いと「自分ならばできる」という気持ちを持っているため、たとえうまくいかないことがあっても乗り越える努力ができます。その結果、成功する可能性が高くなり、成功すれば自己効力感がさらに高まることになります。

一方、自己効力感が低いと「自分にはきっとできない」と考えて臨むために何事にも消極的になり、行動を起こす前から努力することを諦めてしまいます。そのため、新しいことや困難なことに挑戦する勇気を持ちにくくなってしまうのです。

このように、自己効力感は仕事のパフォーマンスやリスキリングに大きな影響を及ぼします。そもそも自己効力感が低ければ、新しいことへの挑戦であるリスキリングに取り組もうという気持ちも起こらないでしょう。逆に言えば、自己効力感が高まれば、リスキリングにチャレンジしてみよう、新たなスキルを身につけてさらに高みを目指そうというポジティブな気持ちが自然に湧いてくるものです。

「新たなスキル習得など自分には無理だ」「リスキリングに対して積極的な気持ちが持てない」などと考えているシニアビジネスパーソンは、まず自己効力感を高める方法を試してみてください。自己効力感が高まることで、新しいことに挑戦しようという勇気、そして自分に対する自信と誇りが心を満たすはずです。

自己効力感には3つのタイプがあることを知る

リスキリングに積極的に取り組み、目標を達成するには自己効力感が重要だと述べましたが、自己効力感は以下の3つのタイプに分類されます（図24）。

❶自己統制的自己効力感

これは自分の行動をコントロールできる感覚のことです。つまり、困難な課題を解決する際や新たなチャレンジをする際に、「自分ならばできる」と気持ちをポジティブにコントロールできる力です。このタイプの自己効力感が高ければ、難易度の高いプロジェクトなどにも前向きに臨むことができ、たとえ計画通りに進まなかったり失敗したりしてもすぐに立ち直って成功に向けて努力することができます。

❷人間関係的自己効力感

対人関係における自己効力感で、「よい人間関係が築けるはずだ」という感覚のことです。このタイプの自己効力感が高ければ、他者の気持ちに寄り添ったり、共感したりすることができます。対人関係でうまくいかないことがあっても「自分ならば仲よくなれる」

図24 自己効力感の3つのタイプ

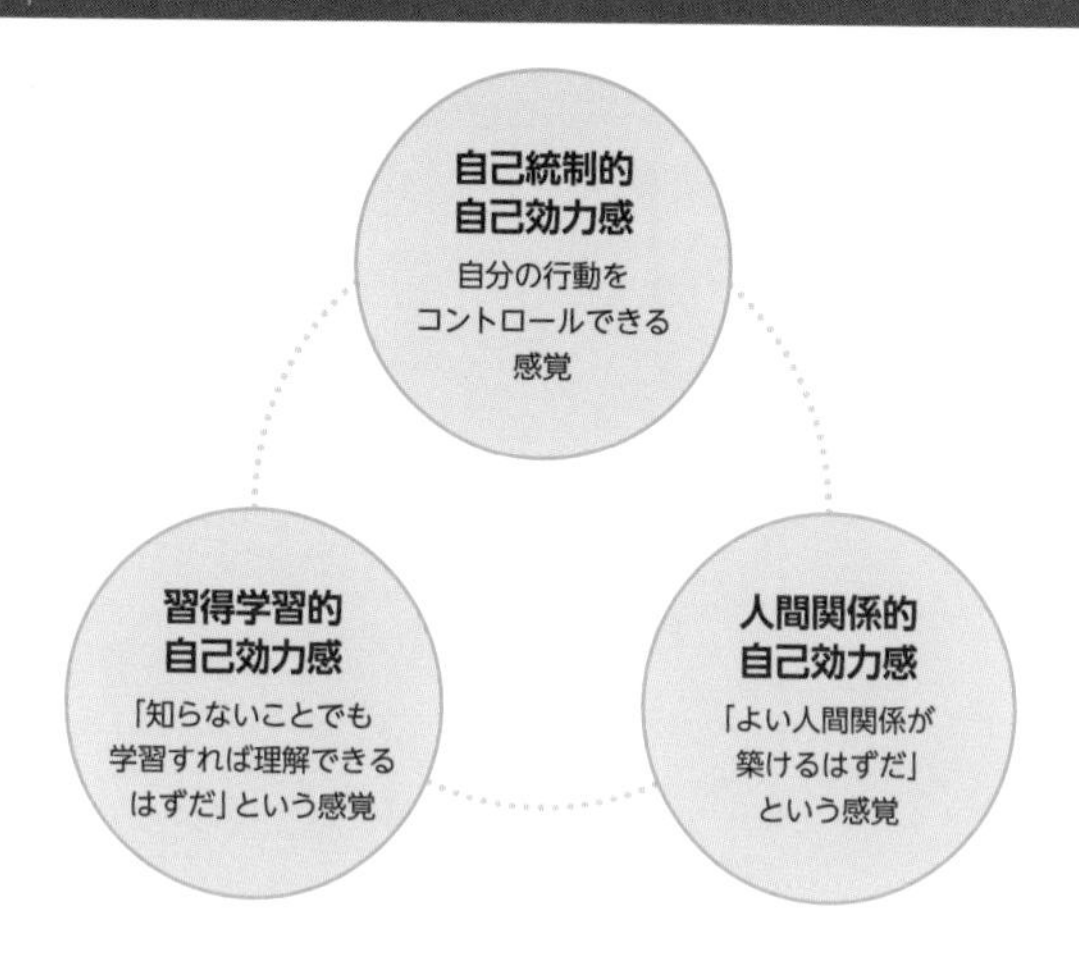

という気持ちで相手と接するため、良好な人間関係を築けるといわれています。

❸習得学習的自己効力感

学習における自己効力感で、「知らないことでも学習すれば理解できるはずだ」という感覚です。習得学習的自己効力感は、これまでの学業における達成感によって育まれるといわれています。このタイプの自己効力感が高ければ、難しい知識やスキルの習得を目指す際、自ら積極的に取り組むことができるとされています。

3つのタイプすべてを高めることが重要ですが、リスキリングを成功させるという観点から言えば、「自分ならばできる」と気持ちをポジティブにコントロールできる自己統制的自己効力感、そして「知らないことでも学習すれば理解できるはずだ」と思える習得学習的自己効力感を高めることが鍵となります。次項では、これらの自己効力感を高める方法について見ていきましょう。

自己効力感を高めるための4つのリソース

自己効力感を提唱したアルバート・バンデューラ氏は、自己効力感を高めるリソースとして以下の４つをあげています（図25）。

❶制御体験

制御体験とは、「できた！」という自分自身の成功体験です。小さなことであっても成功体験を重ねることで効果があるといわれており、またその達成が困難であればあるほど、かけた労力や時間が大きければ大きいほど、自己効力感が高まるとされています。

❷代理体験

代理体験とは、自分ではなく他人の成功体験を見聞きすることで「自分にもできそうだ」と認識することです。同僚や友人など、身近な人が成功を収めたストーリーが効果的とされています。また、実際にその場を見るだけではなく、話を聞くことでも効果があるといわれています。

❸言語的説得

言語的説得とは、周囲の人から「あなたならできる！」などのポジティブな言葉で励ましをもらうことです。そうしたポジティブな言葉をかけられることで、「自分はこんなことができる」といった自信につながっていくといわれています。これはピグマリオン効果とも呼ばれます。

❹心理的感情的状態

自分自身の気分や体調も自己効力感に影響を及ぼします。睡眠をしっかりとる、バランスのよい食事をとる、適度な運動をするなど、心身ともに良好な状態でいられるように心がけることで自己効力感が高まるといわれています。

図25　自己効力感を高める4つのリソース

❶ 制御体験	自分自身の成功体験。小さなことであっても成功体験を重ねることで効果があるといわれており、またその達成が困難であればあるほど、かけた労力や時間が大きければ大きいほど、自己効力感が高まるとされている。
❷ 代理体験	他人の成功体験を見聞きすることで「自分にもできそうだ」と認識する体験。同僚や友人など、身近な人が成功を収めたストーリーが効果的。実際にその場を見るだけではなく、話を聞くことでも効果があるといわれる。
❸ 言語的説得	周囲の人から「あなたならできる！」などのポジティブな言葉で励ましをもらうこと。そうしたポジティブな言葉をかけられることで、「自分はこんなことができる」といった自信につながっていくといわれている。
❹ 心理的感情的状態	気分や体調も自己効力感に影響を及ぼす。睡眠をしっかりとる、バランスのよい食事をとる、適度な運動をするなど、心身ともに良好な状態でいられるように心がけることが大切といわれる。

❶の制御体験を得るための一つの方法として活用していただきたいのが、前掲の「リスキリング航海図」です（61ページを参照）。自身が過去に習得したスキルを「リスキリング航海図」として書き出してみるのです。「習得してきたスキルなんてあるんだろうか」と自分に自信がない方もぜひ書き出してみてください。どんなに小さなことでもよいので思い出しながら書き出してみると、「自分も意外にがんばってきたんだな」と思えるはずです。同時に、それぞれのスキルを習得した際のことを振り返り、そのとき自分はどんな努力をしたのか、あるいは周囲の人たちからどんな励ましの声をかけられたかなども思い出すことで自己効力感が高まるでしょう。

シニアビジネスパーソンのみなさんには、老化による不安や諦めではなく、「自分ならばできる」という自己効力感を高めていただきたいと思います。そうすれば、自然と新しいことにチャレンジしたくなります。そのわくわくした気持ち、いわゆる強いウィルこそがリスキリングへの第一歩となるのです。そして、ビジネスにおいて最強の戦力になり得るシニアビジネスパーソンが、リスキリングによってさらなるスキルの〝再武装〟を図ったなら、まさに虎に翼ではありませんか。

リスキリングの土壌は"学習するチーム"である

基盤となるのは心理的安全性の高い環境

ここまではシニアビジネスパーソン自身がリスキリングを成功させるための考え方や手法について解説してきました。ここからはシニアビジネスパーソンを部下に持つマネージャー、つまり「年下上司」がいかにして「年上部下」であるシニアビジネスパーソンにリスキリングを促したらよいのかについて述べたいと思います。

前述のように、70歳定年の浸透によりチームメンバーに年上部下が増えていくことが予想されます。そうした状況の中でチームの総合力を高めていくには、年上部下のリスキリングに積極的に関与し、第一線で活躍できる年上部下をきちんと組織化できることが年下上司としての大切な所作となってくるでしょう。年上部下のやる気を促しリスキリングに導くことはすでに年下上司の役割であり、その重要性はますます高まっていくはずです。

言ってみれば、年下上司には、年上部下をリスキリングに導くスキルが求められる時代が到来しているのです。

では、年上部下の奮起を促し、リスキリングに導くにはどうしたらよいのでしょう。その基盤として年下上司がまず用意すべきは、心理的安全性の高いチームです。

ご存じの方も多いと思いますが、心理的安全性とは組織行動学者で米国ハーバード大学教授であるエイミー・C・エドモンドソン氏が提唱した概念で、「他者から否定や批判、拒絶される不安がなく、安心して発言や行動ができる環境」のことです。心理的安全性の高いチームでは自分がどんな発言をしたとしてもメンバーに受け止めてもらえると信じることができるので、安心して自分の考えを言ったり、失敗を恐れずチャレンジしたりすることができます。そして、年上部下をリスキリングに導くには、まさにこの心理的安全性の高い環境、チームメンバー全員が安心して自分の考えを述べ、さまざまなことに前向きにチャレンジしていく環境づくりが欠かせないのです。

では、自身がマネージャーとして率いるチームの心理的安全性はどの程度でしょう。エドモンドソン氏は、心理的安全性を定量化する方法として以下の7つの質問を提唱しています。

❶チームの中でミスをすると、多くの場合非難されてしまう。

❷チームのメンバー同士で難しい問題や課題を指摘し合える。

❸チームメンバーの中には、自分と異なることを理由に他者を拒絶する人がいる。

❹チームの中でリスクの高い発言や行動をとっても安全だと思える。

❺チームの中で他のメンバーに助けを求めることが難しい。

❻チームメンバー全員が、他者を意図的に陥れるような行動をしない。

❼チームメンバーと仕事をするとき、自分のスキルや能力が尊重され、生かされていると感じる。

図26 心理的安全性のチェックシート

NO.	項目	チェック 当てはまる ←→ 当てはまらない
1	チームの中でミスをすると、多くの場合非難されてしまう	5・4・3・2・1
2	チームのメンバー同士で難しい問題や課題を指摘し合える	5・4・3・2・1
3	チームメンバーの中には、 自分と異なることを理由に他者を拒絶する人がいる	5・4・3・2・1
4	チームの中でリスクの高い発言や行動をとっても 安全だと思える	5・4・3・2・1
5	チームの中で他のメンバーに助けを求めることが難しい	5・4・3・2・1
6	チームメンバー全員が、 他者を意図的に陥れるような行動をしない	5・4・3・2・1
7	チームメンバーと仕事をするとき、 自分のスキルや能力が尊重され、生かされていると感じる	5・4・3・2・1

参考：エイミー・C・エドモンドソン氏

エドモンドソン氏が提唱する「心理的安全性のチェックシート」を図26に掲載しました。7つの質問について1～5段階のいずれに当てはまるかを答えることで、チームの心理的安全性を測ることができます。

なお、1・3・5の項目はスコアが低いほうが、2・4・6・7の項目はスコアが高いほうがよいと判断します。

マネージャーである自身はもちろん、チームメンバーにもチェックシートの質問に回答してもらうことで、チームの心理的安全性がどの程度なのか把握してみてください。名前を記載して回答するとなると本音で回答できないメンバーも出てくるため、匿名で実施したほうが現状を正しく把握できる可能性が高まるでしょう。

心理的安全性が高ければ万事よしではない！

さて、自身のチームの心理的安全性はどの程度だったでしょうか。

ここで留意していただきたいのは、心理的安全性が低いのはそもそもダメですが、高ければそれで万事よしというわけではないということです。それについて図27を見ながら説明したいと思います。
図27は「心理的安全性と目標達成に向けた意識によるチーム分類」です。縦軸が心理的安全性で、上に行けば行くほど高くなります。一方の横軸は目標達成に向けた意識で、右に行けば行くほど高くなります。

心理的安全性が低く、目標達成に向けた意識も低いチームは「無関心ゾーン（Apathy Zone）」に位置します。目指す目標は楽ですが、上からの圧力があるようなチームです。メンバーは目標達成に無関心で、最小限の努力しかしないとされています。

目標達成に向けた意識は高いけれど、心理的安全性が低いチームは、「不安ゾーン

図27　心理的安全性と目標達成に向けた意識によるチーム分類

（Anxiety Zone）」に分類されます。高い目標をなんとかこなしていますが、やはり上からの圧力があるような風通しの悪いチームです。メンバー同士の会話が少ないため、新しいアイデアが生まれづらい環境といえるでしょう。

この二つ、心理的安全性が低い「無関心ゾーン」「不安ゾーン」に位置するチームは早急な改革が必要であり、そのための考え方や手法は次項から解説します。

一方、「不安ゾーン（Anxiety Zone）」の対角線上にあるのが、心理的安全性が高いけれど、目標達成に向けた意識が低い「快適ゾーン（Comfort Zone）」です。快適で居心地はよいですが、目指す目標が楽なため、仕事のやりがいや達成感が少ないチームといえます。メンバーは成長しませんし、そもそも成長する必要のない組織です。

そして、心理的安全性が低いのはそもそもダメだが、高ければそれで万事よしというわけではないと著者らが言うのは、この「快適ゾーン」に位置するチームについてです。〝成長する必要のない組織〟という土壌では、メンバーをリスキリングに導くことも、メンバーが自主的にリスキリングに取り組むこともないからです。

マネージャーが目指すべきは、もう一つのゾーン、すなわち「学習ゾーン（Learning Zone）」です。心理的安全性が高く、かつ目標達成に向けた意識も高いため、メンバーは失敗を共有しながら目標達成に向かってお互いに高め合っていく、まさに〝学習する組織〟です。

これこそが、メンバーをリスキリングに導き、かつメンバーが自主的にリスキリングに取り組むための最良の土壌といえます。さらに言えば、混沌としたＶＵＣＡ時代にも適合していくことのできる理想の土壌ともいえるでしょう。

年上部下を鼓舞し、リスキリングに導く

まず取り組むべきは心理的安全性の向上

前述のように、目指すべきチームの姿は〝学習する組織〟ですが、そもそも心理的安全性が低い場合はその要因を取り除く必要があります。そして、その要因としてエドモンドソン氏は「4つの不安」をあげています（図28）。

❶「無知だ」と思われる不安

「こんな質問をしたらバカだと思われるのではないか」という不安です。この不安が生じると無知だと思われることを避けるために、他のメンバーに質問や相談ができなくなります。その結果、チーム内での質問・相談が減っていき、対応の遅れやミスにつながる可能性が高まります。

❷「無能だ」と思われる不安

業務などで失敗したときに「こんなこともできないのかと思われるのではないか」という不安です。この不安が生じるとミスや失敗をしても自分の非を認めなかったり、相談せずに隠したりしてしまいます。結果として、ミスや失敗の発覚が遅れ、大きなトラブルが起こる可能性が高くなります。

❸「邪魔している」と思われる不安

「今こんなことを言ったら、他のメンバーから邪魔していると思われるのではないか」という不安です。この不安が生じると自発的な発言が減り、他のメンバーに賛成するだけになってしまいます。その結果、活発なコミュニケーションによる課題の改善方法やイノ

図28 心理的安全性を低下させる4つの不安

IGNORANT	「無知だ」と思われる不安
INCOMPETENT	「無能だ」と思われる不安
INTRUSIVE	「邪魔している」と思われる不安
NEGATIVE	「ネガティブだ」と思われる不安

ベーションが生まれにくくなります。

❹「ネガティブだ」と思われる不安

「こんな発言をしたら、否定的な人間だと思われてしまうのではないか」という不安です。この不安が生じるとネガティブな意見が必要な場面でも、発言することを避けてしまいます。その結果、取り返しのつかない重大な問題が発生したり、ビジネスチャンスを逃したりする可能性が高まります。

心理的安全性を高め、成長を促す5つの手法

チームに蔓延する「4つの不安」を取り除き、心理的安全性を高めるために、マネージャーはどうすればよいのでしょう。著者らが推奨するのは以下の5つです。

❶メンバー全員の存在を承認し、感謝する

承認には「成果の承認」「行動の承認」「存在の承認」の3つがあります。「成果の承認」とは「営業成績がトップだったね」など相手の成果を認めること、「行動の承認」とは「資料

作成の準備をしてくれて助かったよ」など成果にかかわらず行動したことを認めることです。そして、「存在の承認」は「あなたがいてくれるだけでうれしい」「あなたは大切なメンバーだ」など、相手の存在自体を認めることをいいます。もちろん、すべての承認が大切ですが、最も重要なのは3つ目の相手の存在を無条件で認めることです（図29）。

特に年上部下であるシニアビジネスパーソンは、それまでの役職から離れ、多くの場合は給与も下がるため、「誰かの役に立てているのだろうか」「もう自分は第一線には戻れないんだ」などと会社での自分の価値に不安を抱いているケースが多くみられます。だからこそ、マネージャーは年上部下の存在そのものを承認し、「〇〇さんがいてくださるだけ

図29｜心理的安全性を高めるための「3つの承認」

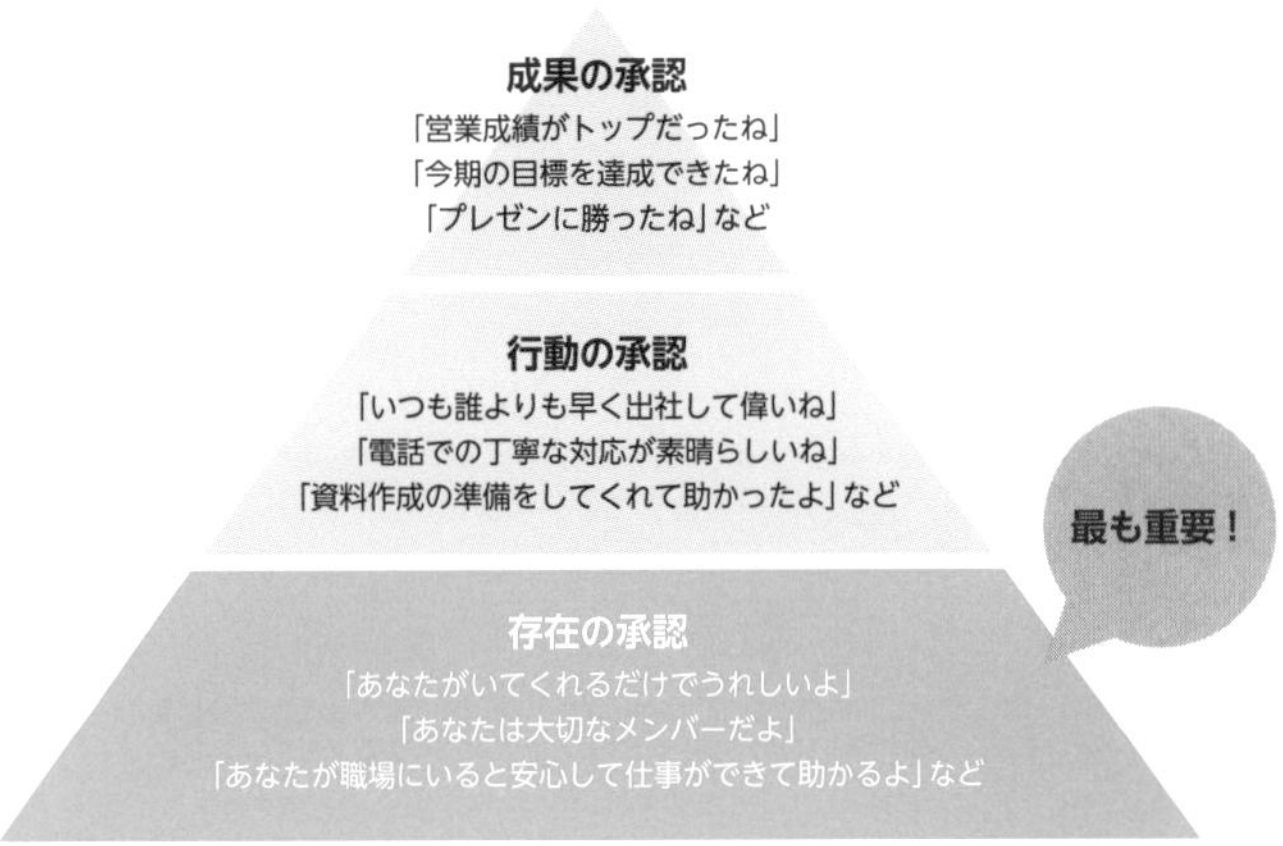

で心強いです」「○○さん、いつもチームを支えてくださってありがとうございます」などと年上部下に伝え感謝の気持ちを示しましょう。

❷ポジティブな思考と言動を意識し実践する

「実現できない」と言えばその通りになり、「実現できる」と言い続ければいつか本当に実現できる――。このように物事の捉え方や発する言葉によってその後の結果はまるで異なり、こうした現象を心理学ではプライミング効果と呼ぶと前述しました。同様に、飛び交う言葉によってチームの士気や雰囲気はガラリと変わります。チームの中にネガティブな言葉が充満していたらネガティブに、逆にポジティブな言葉が溢れていたらポジティブな雰囲気になるのです。チームを率いるマネージャーは愚痴や不満などのネガティブな言葉は控え、常にポジティブな言葉を発信するよう心がけましょう。

❸メンバーの発言機会が平等になるようにする

ミーティングなどで特定のメンバーだけが発言している場合は、全員が1回は発言できるようにしたり、最後に意見交換する時間を設けたりしましょう。また、ミーティングでメンバーの発言が少ない場合は、メンバーの緊張を和らげるアイスブレイクが効果的です。

例えば、冒頭でマネージャー自身が世間話やプライベートでの出来事などを話して場を和ませる姿勢を示すことで、心理的安全性はぐっと高まるでしょう。これはオンライン会議などでも有効な対応です。

❹1on1ミーティングの価値向上を図る

ご存じの通り、1on1ミーティングとはメンバーの成長促進を目指し、マネージャーとメンバーが一対一で対話をする場であり、その際のポイントとなるのはメンバーに対するマネージャーの姿勢です。「あなたの話をしっかり聞いている」という態度を示し、メンバーが本音を言える環境をつくりましょう。また、「YES」「NO」で答えるような「クローズド質問」だけでなく、「3年後にはどんな自分になりたいと思っている?」などの「オープン質問」を活用することでメンバーの考えや思いを引き出すことも重要です。こうした質の高い1on1ミーティングを継続することで、「意見をしっかり聞いてくれる」「私のことをわかってくれている」という思いがメンバーに芽生え、心理的安全性が高まっていくでしょう。

❺良質なフィードバックで成長を促す

前述のように、心理的安全性が高くても「快適ゾーン」に位置する、すなわち〝成長する必要のない組織〟では意味がありません。マネージャーが構築を目指すべきは〝学習する組織〟です。そのためには1on1ミーティングなどを活用し、メンバーの仕事における発言や行動に対して頻繁にフィードバックを行うことが重要となります。しかもメンバーが「人格を否定された」と受け止めることなく、かつモチベーションが向上するような良質なフィードバックが必要であり、そうした際に活用できるのが「SBI型」のフィードバック手法です。SBI型とは「状況(Situation)」「行動(Behavior)」「結果(Impact)」の頭文字をとったもので、「……のとき(状況)」「……したことが(相手の行動)」「私には……のように見えたから、あの場合はこの手法がベストだったと思う(結果)」というように、順

図30 SBI型のフィードバック手法と文例

S	**状況(Situation)** フィードバックする対象について話す。具体的に、いつ、どこで起きたことなのかについて共通の認識を持つ。	○○君が作成してくれたA社に提出するプレゼン資料のことだが、
B	**行動(Behavior)** どのような行動があったかについて話す。相手の意図や考えを推測せずに、客観的な事実について確認する。	制作担当者との打ち合わせをしないまま、納品スケジュールを作成したね。
I	**影響(Impact)** その行動に対して、自分自身が思ったこと、感じたことを話す。そのうえで相手の考えを聞いたり、アドバイスを行う。	メンバー同士の認識のズレが生じ、結果的に顧客の信頼を失いかねない。今後はメンバーとの連携をしっかりとってほしい。

を追って具体的に説明するフィードバックの型です（図30）。状況や相手の行動などフィードバックする対象が具体的かつ限定的なため、メンバーは人格を否定されたような気持になりにくく、そのぶん指摘やアドバイスを素直に聞けるようになります。そして、こうした良質なフィードバックを重ねることで、チームは〝学習する組織〟へと進化していくことでしょう。

ソーシャル理論を活用し、年上部下をリスキリングに導く

〝学習する組織〟を構築したうえで、さらに年上部下に直接働きかけることでリスキリングへと導いていきます。年上部下のやる気を喚起するには一人ひとりの特性に合わせたアプローチが必要となり、その際の一つの指標となるのが「ソーシャルスタイル理論による4つのスタイル」です（図31）。

ご存じの方もいらっしゃると思いますが、ソーシャルスタイル理論とは米国の産業心理学者デビッド・メリル氏とロジャー・レイド氏が提唱したものです。この理論では、人の言動のスタイルを「感情」表現と「意見」表現の強弱によって、「ドライビング（Driving：前進・

行動派)」「エクスプレッシブ(Expressive:直感・感覚派)」「エミアブル(Amiable:温和・協調派)」「アナリティカル(Analytical:分析・思考派)」の4つに分類します。そして、相手と良好な関係を築くには相手のスタイルを知り、それに合わせたコミュニケーション手法を選択することが重要であるとしています。言い換えれば、相手、すなわち年上部下をリスキリングに円滑に導くためには、その年上部下のスタイルを知り、それに合わせた導き方や鼓舞の仕方をすることが大切であるということです。

では、それぞれのスタイルを円滑にリスキリングに導くために、どのような接し方をすればよいのでしょうか。

「ドライビング(前進・行動派)」は上昇志向が

図31 ソーシャルスタイル理論による4つのスタイル

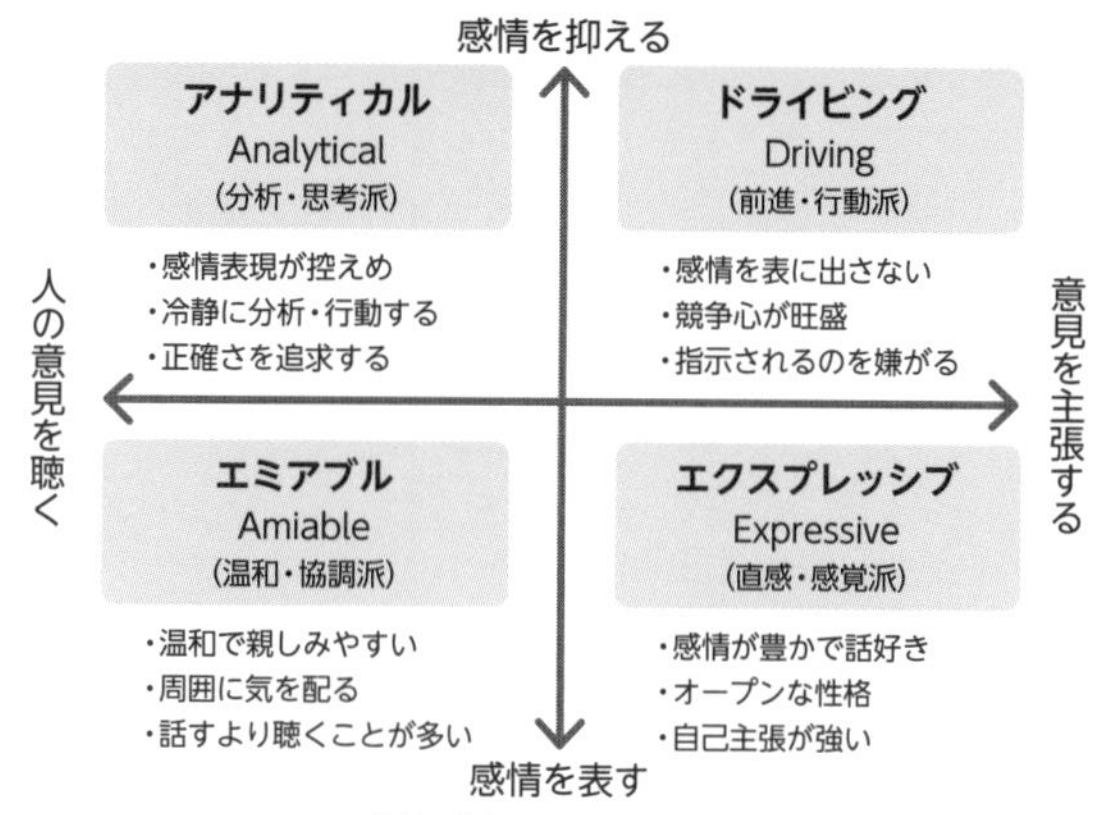

参考:デビッド・メリル、ロジャー・レイド「ソーシャルスタイル理論」

強く、他人に指図されることを嫌うため、「信頼していますから自由に動いてください」「好きなことにどんどん挑戦してください」など相手の意思を尊重する接し方が望ましいでしょう。また、「ドライビング」は成長意欲がある相手に共感を感じやすいため、マネージャー自身がリスキリングに取り組んでいる姿を見せながら、新たなスキル習得の必要性を伝えるのも効果的です。論理的思考を好む傾向が高いので、その際は持論だけではなく、根拠や理論を添えて伝えるようにします。

「エクスプレッシブ（直感・感覚派）」は周囲の人から承認されることでモチベーションが高まるため、「○○さんならリスキリングに成功しますよ」「新しいスキルを習得したら、もっと活躍できますね」などと相手を認める接し方をしたり、ほかのメンバーの前でリスキリングへの取り組みを称賛したりすると効果的です。また、感情豊かで話好きなので、リスキリングの状況などについて質問・傾聴し、相手への共感をしっかり示すことでリスキリングの継続を促しましょう。

「エミアブル（温和・協調派）」は相手を助けたりサポートしたりすることにやりがいを感じるため、「自社にとって有益なスキルを習得してみませんか」「○○さんがこのスキルを身につけてくださったら非常に助かります」など相手の価値観に合わせたリスキリングを提案するとよいでしょう。また、人の話を聞くのは得意だけれど自分が話すのは不得意なため、リスキリングの進捗状況などについて質問攻めにするのは逆効果です。「リスキリングに対するあなたの感想や意見が聞けるとうれしい」といったメッセージを多く交えながら、相手が話しやすいと思えるような雰囲気づくりを心がけましょう。

「アナリティカル（分析・思考派）」は冷静に分析・行動し、正確さを求めるため、「リスキリングはこれからのビジネスパーソンに不可欠です」「自社の将来を考えたとき、こうしたスキルが必要となります」などエビデンスも示しながらリスキリングの必要性を丁寧に話すことが大切です。考える時間を必要とするため、リスキリングの進捗状況や感想を聞きたい場合は事前にその旨を伝えておき、次回の１ｏｎ１ミーティングで話してもらうなどすると相手の気持ちが引き出せるでしょう。

日頃のコミュニケーションや対話において、年上部下一人ひとりの「感情」表現と「意見」表現の強弱に着目してみてください。そうすることで、相手が４つのうちのどのスタイルに当てはまるかが見えてくるでしょう。そのうえで、相手のスタイルに最も適した導き方をする――それが年上部下をリスキリングに導く神髄なのです。

◆ ◆ ◆

さて、スキルの選択方法から学び方のコツ、学び続けるための極意、スキル習得を加速させる奥義、年上部下をリスキリングに導く手法まで、著者らが持っている知見とノウハウ――そのすべてをお渡ししました。もうあなたはいつでも〝リスキリングの虎〟として生きていくことができると思います。

リスキリングとは、自らのスキルを再武装することで、自らを再覚醒させるとともに、人生における最覚醒を実現すること。そして、最強の〝ライフスキル〟と無敵の〝ライススキル〟をこの手にすることにほかなりません。

さあ、出発しましょう。

再び覚醒した自分に、そして人生において最も覚醒した自分に会う航海へ――。

第5章のまとめ

本章では、シニアビジネスパーソン自身が前向きに学ぶための施策に加え、マネージャーがシニアビジネスパーソンをリスキリングに導く手法について紹介した。

● いくつになっても筋肉や脳は成長させられる

脳の成長は20代がピークでその後は年齢とともに衰えていくと考えられてきたが、近年の研究では20代以降も脳は成長し続けることが明らかになっている。人体のさまざまな臓器の中でも脳は最も寿命が長く、120歳まで生きる力を持っており、100歳まで成長するといわれる。また、筋肉についても、たんぱく質を摂取して軽い刺激を与えれば年をとってもそれほど落ちず、鍛えれば何歳になってからでも強く太く発達させることができる。

● リスキリングを加速する自己効力感の高め方

自己効力感には、以下の3つがある。

❶自己統制的自己効力感　❷人間関係的自己効力感　❸習得学習的自己効力感

そして、これらの自己効力感を高めるには以下の手法が有効である。

❶制御体験……自分の成功体験

❷代理体験……身近な人の成功体験を見聞きする体験

❸言語的説得……周囲の人からのポジティブな励まし

❹心理的感情的状態……心身ともに良好な状態を保つ

● 年上部下をリスキリングに導くための手法

年上部下をリスキリングに導くためには、心理的安全性が高い環境づくりが重要である。そのうえで、メンバーが失敗を共有しながら目標達成に向かってお互いに高め合っていく"学習する組織"を構築する。

心理的安全性を高め、成長を促す手法としては以下の5つがある。

❶メンバー全員の存在を承認し、感謝する

❷ポジティブな思考と言動を意識し実践する

❸メンバーの発言機会が平等になるようにする

❹1on1ミーティングの価値向上を図る

❺良質なフィードバックで成長を促す

年上部下のやる気を喚起するには「ソーシャルスタイル理論による4つのスタイル」などを参考に、一人ひとりの特性に合わせたアプローチが必要となる。

巻末鼎談

西村一広×佐藤美咲×阿部George雅行

リスキリング分野でセーリングの未来を拓く

第2章でも述べましたが、阿部と佐藤はリスキリングの一つとしてプロセーラー西村一広氏の指導を受けながらセーリングを学んでいます。同時に、セーリングはビジネスパーソンとしてのスキルを総合的に高める場として最適であるという考えのもと、西村氏とともにセーリングを活用したビジネス研修プログラムの開発・提供を進めているところです。リスキリング分野でセーリングはどのような可能性を秘めているのか――。西村氏と佐藤、阿部の3名でディスカッションを行いました。

◆ ◆ ◆

自分の能力に誇りの持てる仕事を探して生きていく

阿部 ご存じの方も多いと思いますが、西村さんはジャパンカップ優勝、全日本マッチレース優勝など国内での活躍はもちろん、ヨットレースの最高峰といわれるアメリカズカップにも日本代表チームのメンバーとして出場した経験を持つプロセーラーです。西村さんは幼いころから船乗りになりたかったそうですね。

西村 1954年に九州の海辺の町・小倉で生まれ、小学生のころから外国航路の船乗りに憧れて東京商船大学に入学しました。しかし、荷役のアルバイトで見た航海士の仕事は、ビル何階建てにも相当する大型船の最上部、空調完備で潮の匂いも波の音も感じない操縦席に座り、運送を担う一つのパーツとして決められたルートを行き来しているだけ……そんなふうに感じたんです。一方で大学の部活などでヨットに乗ったり、練習帆船で実習をしたりと帆船の操縦経験も積んでいきました。そうするうちに、自分がなりたかったのは帆を操って世界の海を旅する、そんな船乗りではないかと思い始めたんです。

阿部　それで最終的にセーリングの道を選ばれたわけですね。

西村　セーリングでどうやって食べていくのか、安定した仕事に就くべきではないのか悩みましたが、最後は自分の能力に誇りの持てる仕事を探して生きていくことが大切なんじゃないかと考え決意しました。しかし、大学を1年休学してアルバイトをしながらセーリングの仕事を探し歩いても見つかりません。ヨット雑誌を発行している小さな出版社に雇ってもらったり、ウインドサーフィンの世界大会の運営会社で働いたりしながらヨットレースへの出場を重ね、ようやくセーリングの仕事だけで生活が成り立つようになったのは3、4年後のことです。ぼくらは一般的にプロセーラーと呼ばれていますが、こういう仕事に就いたのはおそらくぼくが日本人初だと思います。それに、世界で活躍した先輩はみんな引退しているので、ぼくは世界最年長のプロセーラーでもあるかもしれませんね（笑）。

セーリングを学ぶことは祖先のスキルを思い出す作業

阿部 若いころからヨットに親しんできた西村さんとは逆に、私はリスキリングの一つとして56歳から西村さんのもとでヨットの操船を学び始めました。師の西村さんのスキルが100としたら、現在の私は0・1ぐらいでしょうか(笑)。

佐藤 ヨットは自然の風と波を読んで進まなければいけませんが、私はまだまだそれが読めず自分はこんなにも鈍感なのかと毎回痛感しています(笑)。これまでなんとなく自分は五感が鋭いほうだと思ってきましたが、車でいうところのエンジンという文明の力に常日頃頼って生きてきて、それがなくなって自然の中に放り出された途端、自分の五感がまったく通用しないということに愕然としました。この自然を感じる力、五感を研ぎ澄ます力をつけられるか否か、それが今の私の課題だと思います。

阿部 阿部もまだまだこれからですね。ところで、本文でも触れましたが、セーリングを学ぶことは海洋民族として生きてきた日本人が持っていたスキルを思い出す意義もあると西村さんはおっしゃっていますね。

西村 世界最高峰のヨットレースであり、私も日本代表として参加した経験があるアメリカズカップは、単なるヨットレースというよりも米英仏豪など名だたる海洋国家がその文化や技術を競う場であり、各国は祖先が培ってきたセーリング技術をバックボーンに海洋国家としての誇りと威厳を持って戦っているんですね。一方、農耕民族でセーリングは外来文化だと思っているぼくたち日本人は、ただのヨットレースだと思ってアメリカズカップに臨むわけです。もちろん日本もヨットの性能やセーリング技術では欧米に引けを取らないのですが、最後の最後でどうしても勝てない。そのとき、こう思ったんです。勝敗を分けるのは、先祖が培ってきた技術を背負っている自分たちが負けるわけにはいかないという、自国の海洋文化に対する自負と誇りの有無ではないか――と。

佐藤　それを機に日本の海洋文化の歴史を調べ始めるわけですね。

写真左から阿部、西村さん、佐藤　　photo by Kazuhisa Matsumoto

西村　ええ。すると、約1万2000年前の、世界最古とされる刳舟（くりぶね）制作用石器が九州で見つかっている。私たちの祖先はそんな時代から丸木舟を操って大海原を航海していた、つまり日本人は欧米に勝るとも劣らないセーリング技術を持っていたことがわかったんです。それが途絶えたのは、わずか数十年前の高度成長期のことです。そう考えると、セーリングを学ぶということは新しいスキルを習得するというよりも、2、3世代前までの日本人が持っていたスキルを私たち現代人が思い出す作業なのではないかと思うのです。

阿部　私たちボディチューン・パートナーズのメンバーが仕事においても人生においても大事にしている「不易流行」という思想にもつながるものだと思います。

セーリングはビジネスに必要な力を養う最高のフィールドである

阿部　洋上のヨットという環境やセーリングは、企業研修のフィールドとしても大きな可能性があると私は考えています。企業研修は会議室などで行うのが一般的で、最近では山や森林に入って行う研修も見かけられます。こうした広がりは非常によいことだと思ってきましたが、研修の効果、すなわち受講生の行動変容をもっと促すという観点から考えると、より有効なフィールドがあるのではないかとずっと模索していました。そんな思索の末にたどり着いた答えがセーリングだったのです。

佐藤　ビジネスに必要なスキルを身につける場としてより最適ということですね。

阿部　その通りです。思うようにならない洋上で自分自身と向き合い、精神性を問われる、非日常的かつ心揺さぶられる空間で自分の潜在的な意識に気づく、困難な課題に挑む過程でチームメンバーと対話を重ねる、目標達成に向けてメンバー全員の気持ちを一つにする、そしてメンバー全員が助け合い琢磨し合う――。心理的安全性やリーダーシップ、コミュニケーション力、チームビルディング、エンゲージメント力など、セーリングはビジネスに必要な力すべてを養うフィールドとしてまさに最適といえます。しかし、構想は固まってもセーリング未経験の私たちだけでは研修プログラムの開発・実施は不可能です。そんなとき、我々と同じ人材育成・組織開発トレーナーの方の紹介で西村さんと巡り合った。セーリング技術はもちろん、人格、生き様、体への気配り、そのすべてにおいて「この人と一緒にやりたい！」と思いました。

西村　ありがとうございます。ちょっとこそばゆいですね（笑）。実は私も以前からセーリングは企業研修に適した環境なのではないかと考えていました。実際、欧米にはセーリングを活用した企業研修プログラムを提供している企業がありましたが、当時はまだチームビルディングのみにといったようにテーマが限られていました。その後、先ほど阿部さんが言った共通の知人である人材育成・組織開発トレーナーの方と知り合い、その方の協力を得ながらセーリングを活用した企業研修のトライアルを1回実施したのですが、そのときに自分には人材育成・組織開発トレーナーとしてのスキルがまったく不足していることを痛感しました。それで、将来はやりたいけれど今の自分のスキルでは無理だろうと思い、宿題として置いておいたんです。そんな中、阿部さんが現れたというわけです(笑)。

洋上研修で得た経験をビジネスでの行動変容に直結させる

佐藤　現在、セーリングを活用した企業研修プログラムを鋭意開発しており、先日も神奈川県の佐島マリーナを拠点に2日間のトライアルを実施しました。研修プログラムは、屋内研修と洋上研修の組み合わせで展開。陸上の屋内研修の講師は阿部と私が担当し、洋上研修を受け持つのはもちろん西村さんです。お客様の反応も上々で、「新しい体験でとても楽しかった」「セーリングを活用した研修には大きな可能性を感じた」「この新たな研修を一緒につくっていきたい」などの感想をいただいています。洋上で経験することは、ビジネスの現場で起きているもどかしい経験、つまり人が大きく変容する経験と合致することが多くあります。そして、陸上では数日・数年かけて経験するようなことを洋上では数分で体験できるため、短期間で人や組織が覚醒していくことが可能となる――私はそう考えています。

阿部　参加いただいたみなさんが「セーリング×ビジネス研修」に大きな可能性を感じてくださったのは本当にうれしいことですね。あとは、洋上研修で得た貴重な経験をビジネスでの行動変容に直結させていくために、その橋渡しを担う屋内研修をより強化させるなど、研修プログラムをさらにブラッシュアップしていきたいと考えています。

西村　これまでトライアルに参加されている方々は非常に前向きなので、人材育成・組織開発トレーナーとして初心者の私としてはとても助かっています。一方で、阿部さんや佐藤さんなどのトレーナーの方たちは、その場その場の受講生の反応を観察し、それを即座に学びに変えていく、行動変容に結びつけていくことができるのに、自分にはそうしたスキルが圧倒的に不足しているということもひしひしと感じます。これまではセーリングの考え方や技術だけを教えていればよかった、いわばコンフォートゾーンにいたわけです。それはそれで居心地がよいけれど、少し退屈を感じてもいました。でも今、セーリングをビジネス研修に活用するという新たな試みに必死でついていっている。そういう意味では、「セーリング×ビジネス研修」の開発・提供に挑戦していることこそが、私にとってのリスキリングだと思います。

ビジネスパーソンに微力でも貢献できるコンテンツを創造する

佐藤　本文でも触れましたが、リスキリングの土台にあるのはウィル、そしてボディです。心身の健康を維持・向上させながら、自分自身の内側にあるウィルに目を向け、自社や業界の動向など外部環境にアンテナを張っていれば、自分がこれから習得すべきスキルは自ずと見えてくると思いますし、学びたいという気持ちも起きてくるのではないでしょうか。また、読書をしたりセミナーを受けたりするのはもちろんですが、日々の仕事を振り返る時間を意識的に持ち、その中から新たな発見や気づきを見つけるのもリスキリングの一つだと思います。リスキリングは会社から押しつけられてやるものではなく、生き生きと輝いている自分を自分自身が創造する試み。私自身、いくつになっても生き生きと輝いていられるように、これからも新たな挑戦を続けたいと思います。

西村　ボディチューン・パートナーズのメンバーの思いは〝死の直前まで狩りをする虎〟のように生涯現役を志すことですが、私もその虎になりたいと思っています。そして、虎のように死の直前まで狩りをするには、今持っているスキルだけでは足りない。逆に言えば、リスキリングしなければ、虎のような人生を送ることができないのです。そういう意味では、ぼくよりもだいぶ若い方、まだ人生に時間的な余裕のある方が語るリスキリングよりも切羽詰まっています。でも、それが楽しいんです。68歳という年齢でリスキリングに挑戦する立場に置かれたことが、とても誇らしいし、ありがたいし、うれしい。人生100年時代、虎として生きるために、楽しみながらリスキリングを続けていきます。

阿部　本文でも触れましたが、実はリスキリングは私たち人類が脈々と行ってきた試みです。だから、身構えることなく肩の力を抜きつつ取り組んでいきたいですね。もう一つは、佐藤さんが述べたこととも重なりますが、国や会社から言われたからリスキリングをするというのではどうしても「やらされ感」がぬぐえず、継続できない可能性が高くなります。だからこそ、ウィル、自分なりの志、高い精神性を持つことがなにより大事なのです。

そして、今現在の私のウィルは「セーリング×ビジネス研修」という新たなコンテンツを生み出すことです。社会に、そしてすべてのビジネスパーソンや社員教育にお悩みの会社経営者に微力でも貢献できるコンテンツを創造する――それが私のウィルです。

プロフィール

西村一広…東京商船大学（現東京海洋大学）航海科卒業。ヨット専門誌『舵』編集部などの職歴を経て、プロのセーラーとして独立。ジャパンカップ優勝、全日本マッチレース優勝など国内のレースだけでなく、国際外洋ヨットレースに多数参戦。また、ヨットレースの最高峰といわれるアメリカズカップにも、日本代表チームのメンバーとして挑戦。ヨットの普及にとどまらず、日本の海洋民族としての歴史や誇り、文化などを伝えるために活動中。

阿部Ｇｅｏｒｇｅ雅行　※本書のカバーを参照。

佐藤美咲　※本書のカバーを参照。

おわりに

最後までお読みいただき、誠にありがとうございます。

新型コロナウィルス、大規模な自然災害、ＤＸ、そしてChatGPTの登場など、これまでの経験が通用しない、まったく新たな事象や出来事が近年連続して起こっているように思います。こうした過去の成功パターンが通じない事象や出来事は、年齢も性別も役職も関係なく誰もが同じスタートラインに立つ、もっと言えば全人類が〝初心者〟に逆戻りする契機とも考えられるのではないでしょうか。

このように「正解」を持っている人が誰一人いない時代において、状況が激変したのを嘆いたり、誰かのせいにして文句を言ったりしている時間はありません。不安がありつつも、焦りながらも、自分はどうしたいのかを常に自問し、自分が望むことのイメージが少しでも湧いてきたらとりあえず行動を起してみる。これこそがリスキリングの第一歩です。そして、正解がない中でとりあえずやってみるというのは、最先端のＡＩやロボットでも実現できない、人間に与えられた最高のギフトなのではないでしょか。

こうして自分にしか味わえない唯一無二の経験や体験をすることで自分ならではの〝再

覚醒〝〝最覚醒〟が実現し、もっとリスキリングをしたいという思いが高まる——この繰り返しでリスキリングのループが広がっていくのだと思います。そして、このリスキリング・ループを絶やさないためにはやはり健康な体、いわゆるBQ（身体知能）が不可欠です。すべての土台となるBQに意識を向けながら自らを覚醒させていくことができたなら、あなた自身はもちろん、きっと後世の人びとにもなんらかの貢献を果たせるはずです。

２０２３年６月　毎日覚醒を続ける新たな鼓動とともに

ボディチューン・パートナーズ パートナー　佐藤美咲

最後までお読みいただいた読者の方に、改めてお礼を申し上げます。

すでに本文で何度も取り上げたように、多くのリスキリングの書籍が雇用主視点での人材戦略や人材ソリューションをテーマにしているのに対し、本書はリスキリング当事者である個々人視点で、社会人が〝学ぶ〟とはどういうことなのか、成長するにあたっての要諦とは何かを脳・心・体の切り口でご紹介してきました。

さて、スキルの〝再武装〟を始めるに際し、またその過程で決して忘れてはならないことがあります。それは、日本人の精神性や古神道にもつながりますが、「本当に大事なものは、目に見えない」ということです。

スキルは「目に見えるもの」ですが、習得しようとしているスキルがなぜ必要なのか、どう使うのか、どう生かすのかといった志や心意気といった心や精神性は「目に見えないもの」でしょう。同時に、さらにその土台となっているBQ（身体知能）もまた「目に見えない（見えづらい）もの」です。そして、実はこういうものこそが本当に大事なものであり、日本人の気分にふさわしいでしょう。

スキルの〝再武装〟という表面的なことのみに取り組んでもうまくはいかないことが多いかもしれません。自分の中に存在している「目に見えない」ものを感じ、気づき、そして大切に育てる。失敗しても何度も何度も繰り返しPDCAを高速に回してみる。そうやって体と心、そしてスキルのすべてを自分オリジナルで〝再武装〟できたとき、あなたは最強の〝ライフスキル〟と無敵の〝ライススキル〟を手にするはずです。

戦後世代はなぜだか理由はわかりませんが、腑抜けになったといわれます。明治維新

（1867年）から大東亜戦争終戦（1945年）まで78年。そして、その終戦から今年はまた同じく78年になります。人間という生き物は、常に揺り戻しの中で生きているのかもしれません。日本人は海を自由に行き来できた縄文の頃からずっと、平和のために順応と共生に長けた闘う民族であったはずです。舶来の文物をそのまま身につけるにとどまらず、今だからこそ強い意志と自己の覚醒力を信じて歩めば、目に見えなかったものたちもきっと確実に血肉として身にまとうことができるでしょう。

最後に、本書の共著者である佐藤美咲さん、セーリングの師匠である西村一広さん、弊社スタッフの青木美保子さん、井上洋市朗さん、藤井崇さん、吉川隆晃さん、インターンの宮嶋文子さん、原碧唯さん、吉岡優さん、戦う同志としてのホーリー悠さん、シャーク松本さん、なによりご縁をいただいた中川シゲさんに深く感謝の意を表します。そして、本書の執筆活動を支えてくれたプレジデント社の金久保徹さん、桑原奈穂子さんに感謝の意を伝え、筆をおきたいと思います。

2023年6月　夏至の朝日を望む蓬萊山の日向テラスにて

ボディチューン・パートナーズ代表　阿部George雅行

スキルを"再武装"し、生き方を"最覚醒"する極意

リスキリングの虎

2023年6月30日　第1刷発行

著　者　阿部George雅行、佐藤美咲
監　修　株式会社ボディチューン・パートナーズ

発行者　鈴木勝彦
発行所　株式会社プレジデント社
〒102-8641
東京都千代田区平河町2-16-1 平河町森タワー13階
https://www.president.co.jp/
電話　編集 03-3237-3733
販売 03-3237-3731
販　売　桂木栄一、高橋 徹、川井田美景、森田 巌、末吉秀樹

装　丁　鈴木美里
組　版　清水絵理子
校　正　株式会社ヴェリタ
制　作　関 結香
編　集　金久保 徹、桑原奈穂子

印刷・製本　大日本印刷株式会社

ISBN 978-4-8334-5231-1
Printed in Japan